CAVANNA

Les Pensées

COLLECTION « LES PENSÉES »
DIRIGÉE PAR
ARNAUD HOFMARCHER

le cherche midi éditeur
23, rue du Cherche-Midi, 75006 Paris

DANS LA MÊME COLLECTION

Les Pensées
d'
ALPHONSE ALLAIS

Les Pensées
de
JOSÉ ARTUR

Les Pensées
d'
YVAN AUDOUARD

Les Pensées
de
TRISTAN BERNARD

Les Pensées
des
BOULEVARDIERS
Alphonse Karr, Aurélien Scholl,
Georges Feydeau, Cami

Les Pensées
de
PHILIPPE BOUVARD

Les Pensées
d'
ALFRED CAPUS

Les Pensées
de
COURTELINE

Les Pensées
de
PIERRE DAC

Les Pensées
de
JEAN DUTOURD

Les Pensées
de
GUSTAVE FLAUBERT
suivies du
Dictionnaire des idées reçues

Les Pensées
d'
ANATOLE FRANCE

Les Pensées
d'
ANDRÉ FROSSARD

Pensées, maximes et anecdotes
de
SACHA GUITRY

Les Pensées
de
JULES RENARD

Les Pensées
de
RIVAROL

SIM
Le Penseur

Les Pensées
de
BERNARD SHAW

Les Pensées
de
JACQUES STERNBERG

Pense-bêtes
de
TOPOR
illustré par lui-même

Les Pensées
d'
OSCAR WILDE

Les Pensées
de
WOLINSKI
illustrées par lui-même

L'anticonformisme
est la maladie de jeunesse
du conformisme

F. C.

La Genèse d'un chef-d'œuvre

Quand Monsieur Cherche Midi, l'éditeur honorablement connu sur la place, m'eut soumis l'idée saugrenue qu'il venait d'avoir, à savoir : éditer un recueil de mes pensées, je le pris de haut.

« Des pensées ? Moi ? Sachez, Monsieur, que je ne tiens pas boutique de cette marchandise. »

L'enthousiaste négociant alors de s'exclamer :

« Mais, mon cher (dans ces cas-là, on est "leur cher"), votre œuvre en fourmille ! Ce ne sont que pensées à la queue leu leu, pensées sublimes, pensées à graver dans le marbre le plus pur ! »

Nonobstant la flatterie épaisse, je rétorquai :

« Les pensées, Monsieur, sont une spécialité, un métier, une vocation. N'est pas ciseleur de pensées qui veut. Il est des penseurs blanchis sous le harnois, des artisans recuits au feu de la forge où se

martèlent les aphorismes qui défieront les siècles. Il existe d'ailleurs un Syndicat Unifié des Penseurs de Haut Parage et des Prophètes de Malheur (CGT) ... Bref, je ne suis pas de ces gens-là. Je n'écris pas en pensant pensée, je ne traque pas le mot d'auteur, ma raison d'être au monde n'est pas de condenser en une phrase irréfutable et moulée à la louche quelque triviale banalité qui laissera bouche bée les générations à venir. Bien le bonjour chez vous. »

Je croyais en avoir terminé avec l'astucieux personnage. C'était mal connaître l'engeance. Posant sur mon avant-bras gainé de gris perle une main que n'autorisait nulle familiarité entre nous préexistante, il se fit suppliant.

« Cher ami ! Cher ami ! Bien évidemment vous n'êtes pas de ces professionnels, que dis-je : de ces tâcherons de la pensée ! La pensée vous coule de la plume tout naturellement ! Vous pensez par pensées, comme d'autres... heu... comme d'autres... je ne trouve pas la comparaison, mais elle aurait été fameuse.

— Voulez-vous insinuer que je ferais de la pensée comme monsieur Jourdain faisait dans sa culotte, sans pouvoir se retenir ?

— Vous voyez ! Vous voyez ! triompha cet homme

tenace. Une phrase, paf : une pensée ! Et une belle ! Un peu grasse, mais il y a une clientèle pour ça. Vous permettez que je la note ? »

Mais déjà il était à mes pieds, à genoux dans la fange prestigieuse de Saint-Germain-des-Prés, et, baisant de façon, je dois dire, assez abjecte le bas de mon pantalon, il me suppliait de consentir à ce qu'il se plongeât dans le monceau de mes œuvres complètes afin d'en extraire les pierres précieuses qu'il baptisait « pensées » ainsi que l'épicier consciencieux des temps hélas, révolus expulsait les arides cailloux d'entre les lentilles succulentes. Je suis bon. Arrogant, mais bon, au fond. Je cédai.

Cependant, l'épisode m'avait mis, comme disent les Français, la puce à l'oreille. Ainsi donc, ces écrits, mes écrits, que je croyais si purs, n'étaient en fait qu'enfilades de sentences pour almanachs ? J'en eus bientôt la preuve quand monsieur Cherche Midi plaqua triomphalement sur ma table un monumental quadrilatère rectangle composé de feuilles de papier blanc entassées sur lesquelles s'alignaient, au recto seulement, il est vrai, des phrases et des phrases pêchées dans mes œuvres, toutes tristes de se voir pour la première fois séparées de leur cher contexte et débitées en rondelles comme du saucisson à l'ail.

L'oreille basse, je me penchai sur la chose. Et, là,

l'évidence soudain m'éblouit, accablante. Ces « pensées » n'étaient que les fruits de ma négligence, parfois aussi de ma fatigue. Tant que mon esprit alerte tenait ferme les guides et allait droit son chemin, la narration ou la démonstration couraient grand train, sans s'égarer à figer la pensée par ces phrases-massues si paradoxalement nommées « pensées ». Dès que ma vigilance se relâchait, les aphorismes tombaient dru comme grêle.

Je fis la contre-expérience. Je me laissai aller à écrire sans me surveiller. Le résultat fut concluant, écrasant. Pas une phrase qui ne fût une pensée à pompons et clochettes, un aphorisme à encadrer dans du doré, une saillie pour réunion électorale du parti républicain, une pique avinée pour noces et banquets, une sentence à graver dans la choucroute, une allégorie mangée aux mites, une saillie de garçon d'écurie, un pleur sur les neiges d'antan, un paradoxe à double fond, un sophisme qui colle aux pattes, un dicton à se foutre par la fenêtre... Je donnai toutes ces pauvretés, navré, à M. Cherche Midi, qui bondit de joie, pleura de reconnaissance et les incorpora au reste, ce qui fait que le présent ouvrage (si j'ose dire !) comprend beaucoup plus de ces « pensées » que vous aimez (si c'est votre goût, hein, après tout...), que la stricte moisson récoltée dans mes œuvres déjà publiées, soit en librairie, soit dans les divers périodiques qui eurent l'honneur de m'accueillir (et d'en crever, souvent).

Voilà. Que vous dire encore ? Achetez-le. Offrez-le. Ne le prêtez pas (on ne vous le rendrait pas, ou alors tout déchiré, les pages collées par l'huile de caviar ou le reliquat de préservatif, et vous me feriez perdre une vente, ce qui nuirait à mon modeste mais exigeant train de vie et à celui, infiniment plus considérable, de M. Cherche Midi).

Et si vous avez un problème, ouvrez le livre au hasard. La réponse se trouve là. Peut-être même la bonne réponse. Enfin, une réponse.

Veuillez agréer mes respectueuses salutations.

Cavanna

Pensées
pour briller
dans la conversation
et gagner
aux jeux télévisés

1000000 avant Jésus-Christ : apparition du premier homme dans une famille de singes jusque-là respectable. Sa mère meurt de honte. Son père sombre dans la débauche.

*

999999 avant Jésus-Christ : l'homme tombe de l'arbre. Il tombe encore une fois. Il tombe 8 990 553 fois. Il commence à soupçonner que son destin n'est peut-être pas de vivre dans les arbres.

*

5000 avant Jésus-Christ : l'homme invente la roue. Sans perdre de temps, il s'attaque à l'invention de la bicyclette. Réflexion faite, il invente le cheval, qui est moins fatigant.

*

Les druides étaient capables de lire l'avenir d'un homme dans ses propres entrailles. Ils ne se trompaient jamais.

*

Beethoven était tellement sourd que, toute sa vie, il a cru qu'il faisait de la peinture.

*

Les nègres ont un larynx très fragile. C'est pourquoi ils meurent quand on les pend.

*

De quelque manière que l'on tourne la fable *le Corbeau et le Renard*, c'est toujours le fromage qui a tort.

*

La sueur est une chose qui sort des pauvres quand ils travaillent.

*

Le trench-coït est un imperméable anglais qui rend malaisés les rapports sexuels.

*

Autrefois, les Russes coupaient le blé à la faucille. Staline leur donna des tracteurs. Attachés derrière les tracteurs, les paysans russes furent obligés de courir avec leurs faucilles et la moisson se fit beaucoup plus vite.

*

« Maintenant, je vais pouvoir me consacrer à mon œuvre », dit Adolf Hitler à la marchande de pinceaux et de tubes de couleurs avant de prendre sa retraite.

*

Chaque homme doit se dire que la bombe H représente pour lui le seul espoir possible d'être un jour l'unique survivant mâle de la planète avec peut-être même quelques centaines de femmes pour lui tout seul.

*

Dans l'Allemagne nazie, l'usage du principe d'Archimède était interdit aux Juifs.

*

Deux lignes droites sont dites parallèles quand elles refusent de s'adresser la parole aussi loin qu'on puisse les suivre.

*

En l'an 2000, un homme sur quatre sera chinois. Les trois autres seront japonais.

*

Euclide fonda la géométrie. C'est à son génie que nous devons les immortels théorèmes qui ont conduit tant de lycéens à la Légion étrangère.

*

Avant l'invention de la ligne droite, le plus court chemin d'un point à un autre avait vraiment une sale gueule.

*

Félix Faure, de tempérament plutôt sanguin, rendit l'âme un jour en pleine envolée sentimentale au moment précis où l'avenante personne qui s'affairait, à genoux devant le canapé, sur le site le plus sentimental de la périphérie de l'auguste anatomie, voyait enfin luire à l'horizon la jaillissante récompense de sa ténacité.

*

La tortue est le seul animal qui peut faire l'amour avec un hérisson. Mais elle en a rarement envie.

*

Il est remarquable qu'aucun gouvernement, même parmi les plus cléricaux, n'a jamais songé à donner, à titre posthume, la Légion d'honneur à Jésus-Christ.

*

Il était déjà Portugais quand tout le monde était Italien.

*

Il ne reste plus beaucoup de vieux loups de mer authentiques, parce que les restaurants leur font la chasse. Ils les empaillent, les vernissent, les clouent sur un socle et les plantent devant la porte pour présenter le menu.

*

« Je suis venu, j'ai vu, j'ai vaincu. Je dois tout faire, ici ! »

Jules CÉSAR

*

On ne connaît pas de carré plus carré qu'un autre carré. Par contre, c'est incroyable ce que certains triangles peuvent être pointus !

*

Quand on épluche des oignons, il faut en même temps penser à quelqu'un qu'on aime bien et qui est mort, sans quoi ce sont des larmes perdues.

*

Certains savants sont parvenus à la certitude que, si un conflit atomique ravage la planète, la seule espèce animale capable d'y survivre est la puce de l'homme. Malheureusement, elle mourra peu après, de faim.

*

L'acné prolifère sur les célibataires. Les hommes mariés se font presser les points noirs par leur femme, dans l'espoir, toujours déçu, qu'elle en recevra le contenu dans l'œil et qu'elle en crèvera. C'est eux qui en crèvent, à cause du vernis qu'elles ont sur les ongles. Les célibataires ont de l'acné, mais ils sont vivants.

*

L'argent se trouve chez les pauvres, pas chez les riches. Faucher cent francs à cinquante millions de pauvres donne cinq milliards, alors que soulager mille riches d'un million ne donne qu'un millard. La vraie source de toute richesse, ce sont les pauvres.

*

L'homme est un crocodile possédant la bombe atomique.

*

L'humour, c'est le malheur des autres.

*

L'ours vivant n'est pour l'homme qu'une descente de lit en puissance. Mort et tanné, il accomplit enfin son véritable destin.

*

La chenille devient papillon, le cochon devient saucisson, c'est une grande loi de la nature.

*

« La garme deurt et ne se pend ras... Heu !... Le garde a peur et dort en tas... Non !... La tarte au beurre ne s'aimante pas... Ah ! çà, mais qu'est-ce que j'ai donc ? La gare demeure... Oh, et puis, MERDE. »

CAMBRONNE

*

La guerre moderne pourrait parfaitement se passer d'infanterie. Alors, l'infanterie est un luxe ? Non. L'infanterie, c'est la cible. Les avions, les tanks, les fusées, tout ça c'est bien gentil, mais il faut bien que ça tire sur quelque chose. Quelque chose en viande, et qui saigne. C'est pourquoi les armées modernes continuent à faire une large place à l'infanterie. Il y a bien aussi les femmes, les enfants, les vieux, ça fait de bonnes cibles, mais ça ne compte pas dans le score : ils n'ont pas d'uniformes.

*

La liberté consiste à faire tout ce que permet la longueur de la chaîne.

*

La pesanteur se dirige toujours vers le bas et le pognon vers la frontière suisse.

*

La première psychanalyse était évidemment encore bien rudimentaire, mais déjà l'essentiel était là, à savoir : faire faire tout le travail par le malade. Ne jamais toucher le malade, ni se laisser toucher par lui. Ne jamais répondre à ses questions. Se tenir derrière le malade (certains ont l'haleine forte, et de toute façon il n'a pas besoin de voir que vous en profitez pour faire votre petite lessive). Ne pas s'occuper de maladies salissantes ou contagieuses. Ne pas avoir à grimper dans les étages. Ne pas être dérangé la nuit pour les urgences. On paye comptant et en espèces. Toute heure entamée est due en entier. Tout rendez-vous décommandé doit être payé.

*

L'homme est un roseau déconnant.

*

La Terre comporte beaucoup plus de mer que de terre, ce qui est plutôt injuste, à bien regarder. Surtout quand on s'appelle la Terre. La mer est bleue. La terre est marron. Avec un peu d'habitude on les distingue assez facilement l'une de l'autre. Si vous êtes daltonien, plongez votre tête dans une cuvette pleine de la chose suspecte : si des bulles sortent de votre nez, c'est de la mer. Si des vers de terre sortent de votre nez, c'est de la terre.

*

Le cas de la marquise de Sévigné constitue sans doute le plus fantastique exemple d'imposture de tous les siècles. En effet, cette dame se rendit universellement célèbre en écrivant d'innombrables lettres à une époque où la poste n'était pas encore inventée !

*

Le jour où le premier nègre saura lire, il y aura enfin un Américain sachant lire. Il deviendra aussitôt président des États-Unis et se fera flinguer au fusil à lunette.

*

Le rire est l'effet d'un spasme des muscles zygomatiques, qui entraîne, par voie réflexe, le relâchement des muscles resserreurs des cuisses. Une reine qui rit écarte donc en même temps les cuisses, vous pouvez le vérifier quotidiennement sur la reine d'Angleterre ou sur celle des Belges, que l'on conserve à grands frais en état de marche spécialement pour cet usage pédagogique, bien que l'espèce des reines soit partout en voie de disparition.

*

Le ski nautique est un sport coûteux, mais dont les règles sont simples : il s'agit pour les estivants riches d'emmerder les estivants pauvres.

*

Le travail ne peut pas durer tout le temps, ce serait

inhumain. Il faut bien que le patron se repose. Et comme, pendant ce temps-là, il ne veut pas laisser les ouvriers tout seuls dans son usine pour qu'ils la lui fauchent, il les met dehors jusqu'au lendemain. Ça s'appelle les loisirs.

*

Le voyou est le produit direct du chômage. Du chômage et de la mauvaise éducation. Le chômage allié à la bonne éducation produit le flic.

*

Les animaux utiles : l'abeille. Prenons une abeille et pressons-la fortement au-dessus de notre tartine : il en sort du miel. L'abeille est un animal utile. Lâchons-la : elle nous pique. L'abeille est un animal courageux. Arrachons-lui les ailes : elle court chercher une brouette pour continuer à transporter son miel. L'abeille est un animal travailleur. Posons-la sur le feu : elle brûle. L'abeille est un animal combustible.

*

Les athées non catholiques ne peuvent pas piffer les athées non protestants.

*

Les Chinois ne savent pas qu'ils ont les yeux bridés.

*

Les Corses sont tellement paresseux qu'ils utilisent des tortues en guise de patins à parquet.

*

Les dangers de l'explosion démographique du tiers-monde. Tu sais, ou je te l'apprends, que si l'on maintient les testicules humains à une température d'environ quarante degrés, les spermatozoïdes sont réduits à l'impuissance. Ah ! D'où l'idée : fabriquer en grande série des slips masculins chauffants, contenant une minuscule résistance entretenue par une petite pile et les distribuer aux pays menacés par l'explosion démographique. Vous me direz que ces gens sont si attardés qu'ils croiront que c'est un chapeau avec deux trous pour les oreilles, et alors ça leur chauffera la cervelle et leur donnera des idées, ce qui n'est peut-être pas très prudent... C'est un risque à courir. Il faudra former des instructeurs. En tout cas, voilà un débouché pour l'industrie française.

*

Les étrangers ne se comprennent même pas entre eux. Apprendre à parler étranger ne sert donc à rien.

*

Les gens qui ne travaillent pas ne s'ennuient jamais. Les gens qui travaillent s'ennuient quand ils ne travaillent pas. C'est une grande loi de la nature, on n'y peut rien, c'est comme ça.

*

C'est tellement beau, un fusil ! Mais un fusil qui ne sert pas, quelle tristesse ! Comme une fleur qui ne devrait jamais s'ouvrir, une fille qui ne devrait jamais aimer... Un fusil finit TOUJOURS par servir. Toujours. Un canon aussi. Un missile à tête nucléaire aussi... Avoir tant de beauté, tant d'efficacité, là, sous la main, et se dire que ça va vieillir, et rouiller... Ne jamais prendre son essor vers l'azur infini, ne jamais libérer la formidable puissance enfermée, frémissante, dans les flancs du missile étincelant... Que jamais ne s'épanouira le champignon fabuleux porteur de mégatonnes... Quel crève-cœur !

*

Les Turcs avaient pris la mauvaise habitude de pisser sur le tombeau du Christ. A l'appel du pape, tous ceux qui n'étaient pas des feignants partirent pour la croisade. La croisade échoua, mais elle fut quand même très utile pour la civilisation car les croisés rapportèrent d'Orient la lèpre, l'alcool, les maladies honteuses, le rahat-loukoum, la pédérastie et l'habitude de pisser sur le tombeau du Christ.

*

Lorsqu'un sourd doit subir une intervention chirurgicale, on ne l'endort jamais. N'entendant pas ses hurlements, il ne souffre pas. On peut également battre les sourds ; ils ne s'entendent pas souffrir.

*

Même les plus cons ont leur jour de gloire : leur anniversaire.

*

Nos ancêtres les Gaulois attendaient que le ciel leur tombât tout rôti dans le bec. Ce fut Jules César qui leur tomba dessus avec ses légionnaires macaronis. Il fit dévorer Vercingétorix dans le cirque par les chrétiens. Cette lâcheté ne devait pas lui porter bonheur puisque, peu après, il se blessait accidentellement de cent vingt coups de poignard.

*

Par quel moyen Mata Hari soutirait-elle ses renseignements ? Par le moyen le plus simple : elle soutirait comme on soutire, en utilisant le robinet de soutirage situé tout en bas de l'officier.

*

Pendant la Renaissance, tout le monde se mit à inventer quelque chose. Gutenberg inventa la machine à écrire. Christophe Colomb inventa l'Amérique. François Ier inventa la syphilis et Mayonnaise inventa la sauce. Hélas, tout cela en pure perte car Lépine n'inventa le concours que quatre siècles plus tard.

*

Qu'est-ce que l'Autriche ? Pour vous faire une idée, je dirai que l'Autriche est à l'Allemagne ce que la Corse est à la France : toute petite, dans le bas à droite, peuplée de futurs douaniers et de sous-officiers en retraite.

*

Qu'est-ce que la relativité ? Eh bien, c'est assez ardu à expliquer, surtout si l'interlocuteur n'a pas reçu une culture mathématique de très haut niveau. Heureusement, il est possible, pour l'essentiel, de résumer la théorie de la relativité en une formule simple et élégante : Newton est un con. Si vous avez compris ça, vous avez tout compris.

*

Quand ils prenaient leur vol pour aller s'écraser sur leur objectif, les pilotes-suicide japonais n'oubliaient jamais d'emporter leur mascotte porte-bonheur.

*

Si Attila avait gagné, la tour Montparnasse ne serait pas là.

*

Si nous chauffons un solide, il devient un liquide. Si nous chauffons un liquide, il devient un gaz. Conclusion : la nature ne sait pas ce qu'elle veut.

*

Si nous faisons le bilan de l'œuvre de Colomb, nous pouvons dire que :

a) il a découvert l'Amérique, mais il ne le savait pas,

b) il a inventé l'art de comparer la Terre à une orange, ce qui a été d'une utilité immense pour faire comprendre le système solaire aux petits enfants,

c) il a apporté la vérole à l'Europe, mais ça, on l'a su plus tard.

*

Suivant le point de vue d'où l'on se place, on peut considérer l'échelle :

a) comme la première machine volante, puisqu'elle permet à l'homme de s'élever dans les airs,

b) comme la première planche, puisqu'il suffit de boucher les trous entre les échelons pour obtenir effectivement une planche,

c) comme la première vitre, puisqu'on voit très bien au travers. Pourtant, il est communément admis, allez savoir pourquoi, de la considérer comme le premier escalier. Ô inconséquence humaine ! Essayez seulement de mettre un tapis rouge à une échelle, vous verrez tout de suite la différence...

*

Une route se compose d'une chaussée étroite serrée entre deux murs très durs peints en vert betterave. Ces murs s'appellent le paysage.

*

Les aveugles ont l'ouïe très développée. Un aveugle peut reconnaître si un billet de banque est faux rien qu'au bruit des menottes se refermant sur ses poignets.

*

Vers les années 1900, le célèbre pétomane azerbaïdjanais Ylvalfehr Yllafeh pouvait, d'un seul pet, éteindre une bougie à une distance de cinq mètres. Et puis on inventa la lumière électrique, et il mourut dans la misère.

*

Observez un intellectuel. Vous êtes tout de suite frappé par la grosseur de sa tête. C'est que, chez ces animaux, toute la vie se trouve dans la tête. Coupez-lui la tête, il meurt.

*

Picasso avait promis de révéler sur son lit de mort si oui ou non il s'est payé la tête des gens.

*

Qu'est-ce qu'un étranger ? C'est un type qui parle une langue que personne ne comprend. Il parle donc pour ne rien dire.

*

Observons un papillon. Il butine de fleur en fleur dans un gai rayon de soleil. Présentons-lui un portrait de Madonna. Il s'en fout. Conclusion : les papillons sont pédérastes.

*

Zeus se faisait appeler Jupiter quand ses affaires l'appelaient à voyager en Italie.

*

La veuve du Soldat inconnu n'a jamais touché un sou de pension.

*

Quand on pend un raciste, il devient tout noir.

*

Une enquête récente a démontré que quatre-vingt-dix pour cent des enterrés vivants reprennent conscience dans le corbillard qui les emporte vers le cimetière, mais ils n'osent rien dire de peur d'avoir l'air ridicule.

*

Charade interminable :

Mon premier est un personnage des *Mille et Une Nuits*.
Mon deuxième est un voleur.
Mon troisième est un voleur.
Mon quatrième est un voleur.
Mon cinquième est un voleur.
Mon sixième est un voleur.
Mon septième est un voleur.
Mon huitième est un voleur.
Mon neuvième est un voleur.
Mon dixième est un voleur.
Mon onzième est un voleur.
Mon douzième est un voleur.
Mon treizième est un voleur.
Mon quatorzième est un voleur.
Mon quinzième est un voleur.
Mon seizième est un voleur.
Mon dix-septième est un voleur.
Mon dix-huitième est un voleur.
Mon dix-neuvième est un voleur.
Mon vingtième est un voleur.
Mon vingt et unième est un voleur.

Mon vingt-deuxième est un voleur.
Mon vingt-troisième est un voleur.
Mon vingt-quatrième est un voleur.
Mon vingt-cinquième est un voleur.
Mon vingt-sixième est un voleur.
Mon vingt-septième est un voleur.
Mon vingt-huitième est un voleur.
Mon vingt-neuvième est un voleur.
Mon trentième est un voleur.
Mon trente et unième est un voleur.
Mon trente-deuxième est un voleur.
Mon trente-troisième est un voleur.
Mon trente-quatrième est un voleur.
Mon trente-cinquième est un voleur.
Mon trente-sixième est un voleur.
Mon trente-septième est un voleur.
Mon trente-huitième est un voleur.
Mon trente-neuvième est un voleur.
Mon quarantième est un voleur.
Mon tout est une histoire.

SOLUTION

« Ali Baba et les trente-neuf voleurs. » (Si vous aviez pris la peine de compter, au lieu de parler si vite, vous ne feriez pas cette tête-là.)

Pensées
d'une grande élévation
de pensée
derrière
leur apparent cynisme

Quand l'homme cessa d'être singe, il fut con.

*

Le bonheur, c'est crever du cancer et, une minute avant de rendre le dernier soupir, voir la planète détruite par une bombe atomique.

*

La honte, ça soulage. C'est comme les larmes : on a honte un bon coup, et après, on se sent mieux. Sauf qu'on ne peut pas se la faire venir avec des oignons.

*

Entre le singe et l'homme, il y eut forcément une époque où l'on ne savait pas si l'on devait mettre des gants ou des souliers.

*

Il devrait être interdit de vomir. Vomir ne consomme rien, ne fait tourner aucune machine. C'est un acte anticivique, un crime de haute trahison.

*

Anticonformiste comme une taupe presbyte.

*

C'est en forgeant qu'on devient forgeron. C'est en limant qu'on devient limaçon. C'est en polissant qu'on devient polisson. C'est en lisant qu'on devient liseron. C'est en aimant qu'on devient hameçon. Mais pour devenir riche, bon Dieu, comment fait-on ?

*

A quoi sert un humoriste ? A assurer la croûte des redécouvreurs-d'humoristes-injustement-oubliés-après-leur-mort.

*

C'était chouette d'être de gauche quand il n'y avait pas de risque que la gauche règne.

*

Cette affaire Landru, quelle publicité pour la marque de la cuisinière !

*

Le chasseur est un être essentiellement épris de nature et d'authenticité. Si, pour tuer, il utilise un fusil perfectionné au lieu de ses dents et de ses ongles, c'est, croyez-le bien, une concession qu'il fait aux convenances, et cette concession lui coûte beaucoup.

*

« Connais-toi toi-même, eh, feignant ! »

PLATON

*

Contrairement à la chasse, qui n'est qu'un massacre répugnant, la pêche est un sport loyal et courtois dans lequel, même vaincu, le poisson ne se sent nullement humilié. En effet, qu'est-ce que la pêche ? La pêche est essentiellement un combat qui met aux prises deux adversaires de force sensiblement égale :

le poisson et l'asticot. Chacun d'eux a sa chance. L'homme n'est là que pour arbitrer le combat.

*

Désarmé comme un cul-de-jatte dans un coquetier.

*

Entendu : « Réjouis-toi, ma gueule, v'là une averse ! » Et il vide son verre.

*

« Je pense, donc je suis. C'est chouette ! »

DESCARTES

*

Il est difficile de faire passer un chameau par le chas d'une aiguille, mais ensuite, pour les autres chameaux, ça va tout seul.

*

Il est plus judicieux d'aborder une question délicate entre la poire et le fromage qu'entre le marteau et l'enclume.

*

Il existe une chose et une seule qui soit encore plus rare qu'une vérité exempte de toute erreur : c'est une erreur absolument exempte de toute vérité.

*

Il faut, au moins une fois dans sa vie, avoir connu une joie mauvaise, ne serait-ce que pour savoir le goût que ça a.

*

Il n'y a qu'une seule vulgarité : la connerie.

*

La guerre, et donc l'armée, mais c'est l'école du courage, de la discipline, de l'abnégation, de l'héroïsme ! Sans la guerre, quand aurions-nous l'occasion de manifester nos plus hautes vertus ? Jamais. Nous nous enfoncerions dans une vie de larves douillettes et jouisseuses, nous serions des civils à perpétuité... Horreur !

*

Il ne sert à rien de s'attendrir sur le passé. Attitude stérile. Mieux vaut regarder les choses en face. Les océans de l'avenir seront, c'est mathématique, entièrement recouverts par une couche de pétrole brut d'un seul tenant et de plusieurs centimètres d'épaisseur. Bon. Eh bien, il faut se faire à cette idée, voilà tout ! Et s'adapter. Attitude constructive. Voir les bons côtés. Par exemple : l'eau ne pourra plus s'évaporer, donc il ne pleuvra plus. Chouette, non ?

*

Expliquer une allusion culturelle, c'est comme pisser sur un ver luisant : ça l'éteint.

*

L'amitié n'est pas l'homosexualité. D'abord, l'homosexualité interdit l'amitié. La preuve : de quoi peuvent-ils bien rigoler entre eux, les homosexuels, puisqu'ils ne peuvent pas rigoler des homosexuels ? Ah !... L'homosexualité tue la conversation.

*

Quand, à l'horizon du cours de français, se lève pour la première fois, nuage lourd de menaces, le participe passé conjugué avec l'auxiliaire « avoir », l'enfant comprend que ses belles années sont à jamais enfouies et que sa vie sera désormais un combat féroce et déloyal contre des éléments acharnés à sa perte.

*

L'échelle est l'amie de l'homme. L'escalier est l'ami du riche.

*

L'humour est forcément désespéré. Ou alors, ce n'est plus de l'humour, c'est une berceuse.

*

L'État, notre mère, a décidé de permettre la vente libre des seringues-à-se-droguer. Donc, la trouille du sida n'arrêtera plus l'aspirant camé sur la pente savonneuse. Donc, les drogués ne crèveront plus du sida, ils crèveront de la drogue. Correct. Seuls les homosexuels et les artistes de variétés crèveront du sida. C'est bien. Il faut de l'ordre, ou alors c'est l'anarchie. On saura de quoi on doit traiter un qui crève du sida et de quoi un qui crève d'une overdose. Le monde redevient moral.

*

L'étranger est la vraie patrie des immigrés, c'est là qu'ils s'épanouissent et accomplissent pleinement leur destin qui est de se faire cracher à la gueule en se livrant avec passion aux travaux fatigants ou répugnants que les gens du pays méprisent, c'est là qu'ils se font traiter de métèques, de bougnoules, de sales ritals et de retourne-dans-ton-pays-au-lieu-de-bouffer-notre-pain-blanc.

*

L'héroïsme moderne, grâce à la mécanisation, connaît des rendements magnifiques. Malheureusement, les bombardements massifs perdent en contact direct ce qu'ils gagnent en quantité. L'imagination de l'artilleur ou de l'aviateur a beau faire de son mieux, elle ne remplace pas la sensation tactile de l'arme de poing pénétrant dans la chair élastique, du jet de sang fusant de l'orbite droit en l'air comme un jet d'eau avec l'œil dansant tout là-haut. Heureusement, la guérilla est venue redonner à l'héroïsme une dimension plus humaine. Le renseignement redevient ici primordial, l'art délicat d'arracher les ongles prend à nouveau le pas sur les desséchantes équations du technicien. Si l'on a pu craindre un temps une irréversible déshumanisation de la guerre, nous voilà désormais rassurés. L'humain, quoi qu'on fasse, a toujours le dernier mot, il ne faut jamais désespérer.

*

L'homme a besoin de massacrer, c'est de son âge, ça lui fait respirer le bon air, et pendant ce temps-là il n'est pas au bistrot.

*

Désireux de faciliter le reclassement professionnel des objecteurs de conscience, l'État décide de lever exceptionnellement en leur faveur certaines contraintes onéreuses pour les employeurs.
Les objecteurs auront donc le droit de :
souder sans lunettes,
travailler sans masque dans les vapeurs d'acide,
manipuler de l'uranium à mains nues,
évaluer la température du fer rouge du bout de la langue,
sauter d'avion sans parachute,
garder des buts sans protège-tibias...

*

L'amitié, c'est formidable. Ça n'empêche pas de

tromper l'ami, de lui faire toutes les vacheries qu'on fait aux autres, aux pas amis, mais à l'ami, c'est pas la même chose. Lui, s'il le prend mal, alors c'est pas un vrai ami.

*

L'humour fait mal. L'humour fait peur. Toujours. Parce que l'humour, c'est le réel. Le réel débarbouillé du masque de l'habitude.

*

Quand un homme bat sa vieille mère, c'est à lui que ça fait le plus mal.

*

L'intellectuel est un type qui prend le Pirée pour un port.

*

L'intelligence, ça ne se remplace pas, mais ça s'imite.

*

L'œil d'un mouton, l'arrangement d'une écorce sur un tronc, l'immensité de la mer, l'architecture d'un nuage... Comment ne voir dans le mouton que côtelettes grillées, dans l'arbre que bois de chauffage, dans le nuage que prédictions météo ?

*

La bête immonde à qui l'on a rabattu le groin, ce mémorable 6 juin 1944, c'était le nazisme, entité hautement malfaisante mais notoirement abstraite, si bien que les soldats allemands cramponnés à leurs mitrailleuses peuvent eux aussi être considérés comme des victimes du nazisme, et même les toutes premières. Bien sûr, l'âme populaire ne s'y trompe pas, elle parle de sales boches et de grosses vaches de fridolins. L'âme populaire est assez rebelle à l'abstraction.

*

La connerie cherche toujours le non-conforme, à condition que ce soit le non-conforme de tout le monde.

*

La culture est à l'homme ce que le porte-jarretelles

est à la femme : un atout maître qu'il faut sortir au bon moment.

*

« L'intellectuel, c'est un roseau qui pense plus haut qu'il n'a le derrière. »

PASCAL

*

La démocratie est un luxe, comme la justice est un luxe. La démocratie est un état instable, non spontané, non naturel, en équilibre sur le tranchant d'une lame de couteau. La démocratie est un effort et une vigilance.

*

C'est parce qu'il est creux que l'homme est supérieur à tous les autres êtres vivants. Seule une forme creuse de vie était susceptible d'accéder à la conscience et au progrès. Les animaux, étant pleins, n'ont pas d'âme, faute de place.

*

Chaque Français est idéaliste et plein de générosité

tant qu'il n'est pas directement concerné. Dans son petit secteur à lui, il est, ouvertement ou sournoisement, réac et répressif. Or, ce qui mène les hommes, ce sont d'abord leurs petites affaires, la petite barque dont ils tiennent la barre au centre d'un horizon petit, petit...

*

Si nous avions vraiment horreur de la guerre, exhiberions-nous orgueilleusement nos instruments à tuer en masse ? Tout ce que nous avons trouvé de plus prestigieux pour orner nos défilés, que ce soit pour nos fêtes nationales ou pour commémorer une révolution populaire, ce sont nos tueurs en uniforme brandissant leurs armes, nos canons, nos chars, nos missiles, nos avions de guerre... Alors que, si nous étions conséquents avec nos propres affirmations, nous devrions crever de honte d'être obligés d'entretenir des armées ! Même si — ce n'est pas mon cas ! — on se résigne à admettre que l'armée est nécessaire à cause des voisins scélérats, etc., pourquoi, alors, est-on si fier de cette armée ? Les gens convaincus de la nécessité de la peine de mort font-ils défiler, le 14 juillet, le bourreau avec sa guillotine ? Lui aussi, pourtant, leur semble « utile » à la société !

*

Ruanda : on est tous, unanimes, contre l'horreur, on pousse des « Hélas ! » bien en chœur, on ajoute « Ah, nous sommes bien coupables, nous les Occidentaux, qui nous rôtissons au soleil tandis que là, à cinq heures d'avion... » Toujours calculer la culpabilité en heures d'avion, c'est l'unité internationale homologuée.

*

C'est que nous sommes dès le berceau conditionnés à la guerre. Elle fait partie de nos habitudes les plus intimes. Notre « culture » est imprégnée de guerre. Aujourd'hui comme aux âges farouches, ce que nous admirons le plus, ce qu'on nous a préfabriqués à admirer, ce sont les vertus dites « viriles » : courage physique, mépris de la mort et de la douleur, esprit de sacrifice, opiniâtreté, obéissance aveugle, haine de l'« autre »... On nous inculque le culte de l'honneur, exaltation mégalomane du « moi » habilement utilisée dans l'intérêt du « nous »... Héritiers des sans-culottes et des culs-terreux de 89 qui boutèrent hors les féodaux, nous singeons les simagrées morales de ces descendants des envahisseurs rapaces dont le pouvoir sur le peuple conquis était fondé sur les vertus guerrières et dont l'honneur était le bien suprême, forcément. Nous n'exaltons pas l'intelligence, vertu peu excitante pour l'imagination et qui ne suscite pas de belles images pour bandes dessinées ou films à grand spectacle.

*

La gauche, c'est ce qui essaie de comprendre. La droite, c'est ce qui se refuse même d'envisager qu'il y ait quelque chose à comprendre. Quand la gauche se comporte de la façon numéro deux, c'est simplement qu'elle n'est pas la gauche.

*

L'homme est la seule espèce en voie d'auto-extinction.

*

Le pessimisme est méchant ! Les pessimistes sont des méchants ! Être pessimiste, c'est partir vaincu d'avance. Et être optimiste, c'est arriver vaincu quand même. Mais du moins on a eu l'illusion.

*

La jeunesse est le seul moment de la vie où l'on ait

une chance de ne pas la louper. Passé ce moment, si l'on n'a pas su la saisir, on sera irrémédiablement un vieux con.

*

Le bonheur n'est pas un état, c'est un réajustement constant, un cap à maintenir par corrections successives.

*

Quand un enfant prodige est devenu grand, il ne sait plus quoi faire.

*

L'amitié, ça veut dire si tu tombes à l'eau je plonge tout habillé, si tu brûles je me jette dans le feu, si tu es attaqué par dix mille Peaux-Rouges j'accours combattre à ton côté, si tu n'as plus soif tu boiras quand même ce verre qui te donne envie de dégueuler sans quoi tu n'es plus mon ami, si tu as besoin de cent balles j'ai oublié mon porte-monnaie à la maison. Vous voyez, l'amitié, c'est bien au-dessus de l'amour.

*

Si tous les gars du monde voulaient se donner la main, en profiteriez-vous pour leur faire les poches ?

*

Le génie, c'est dix pour cent de don et quatre-vingt-dix pour cent d'acharnement. Le génie est une idée fixe.

*

Le journalisme devrait être un sacerdoce. Hélas, trop de brebis galeuses se complaisent à ne montrer que l'aspect déprimant des événements ! Tenez, la guerre. C'est comme la charcuterie. Si on ne veut voir que le cochon qu'on égorge, évidemment... Mais, pour être juste, il faut aussi parler du boudin, du saucisson, du pâté truffé, de la boutique rutilante de marbres et de lumières... La guerre, c'est pareil. Il est trop facile d'émouvoir et d'indigner les gens en ne leur montrant que des morts, des estropiés, des ruines. La stricte objectivité commande que l'on parle aussi des braves et honnêtes ouvriers et cadres français qui nourrissent leurs familles et fleurissent leurs maisonnettes grâce aux emplois qualifiés que leur assurent les usines d'armement. Toute médaille a son revers. Ne montrer que le revers est malhonnête.

*

Le pessimisme, c'est : deux plus deux égal quatre. L'optimisme, c'est : deux plus deux égal cinq. Cet univers où nous sommes est un univers pessimiste.

*

Le pouvoir est au bout du fusil, mais c'est le pouvoir du fusil.

*

Si les hommes cessaient enfin de s'entre-déchirer en des guerres sanglantes et fratricides, de quoi pourrions-nous bien parler ?

*

Quand les poules auront des dents, les renards auront des tenailles.

*

Le principe de toute souveraineté réside essentiellement dans la trique.

*

Le seul tourment qu'on ne puisse pas oublier en se livrant à la boisson est l'envie de pisser.

*

Les chiens athées ne croient pas à l'existence de l'homme.

*

Les cons ne devraient défendre que les causes cons. Ils abîment les autres.

*

Les cons ne mènent pas le monde, mais pour mener le monde il faut plaire aux cons.

*

Les dialogues de lâches valent largement les dialogues de sourds.

*

Les gens en avance sur leur époque ne sont pas heureux. Personne ne les comprend, on se moque d'eux, on leur fait des misères. Prenez, par exemple, Jésus-Christ. Il était chrétien deux cents ans avant tout le monde. Résultat : ils l'ont crucifié.

*

Les hommes naissent libres et égaux en droits. Ensuite, ils se mettent à boire.

*

Les pauvres haïssent les riches, certes, mais les admirent. Les pauvres méprisent les pauvres.

*

Les progrès de l'astronautique montreront un jour que la terre est plate, et que le pape a eu tort de ne pas brûler Galilée.

*

Il existe des hommes cons par rapport au degré moyen d'intelligence qu'on est en droit d'attendre d'un homme. Il n'existe pas d'éléphant con, ni de crocodile con, ni de microbe de la fièvre jaune con. Ce qui distingue l'homme de la bête, c'est la connerie et non l'intelligence.

*

Les vacances ne sont pas seulement un droit, elles sont un devoir. Bel et bien. Au même titre que Noël, le Jour de l'An, la fête des mères, celle des pères, celle des oncles et tantes, celle des concubins et collatéraux, et les anniversaires, et le mariage à l'église pour ne pas faire de peine à grand'mère, et le baptême-si-ça-fait-pas-de-bien-ça-peut-pas-faire-de-mal, et le vin d'honneur du départ à la retraite, au même titre, enfin, que tout ce qui fait tourner l'industrie nationale et prospérer le petit commerce.

*

Multiplier les militaires et leurs engins, n'est-ce pas multiplier les occasions, les tentations ?

*

Nous affirmons que nous haïssons la guerre. Nous sommes tout à fait convaincus que nous la haïssons. Et nous vivons très à l'aise dans un monde dont la guerre fait partie intégrante, où l'on prépare la guerre, où l'on envisage la guerre comme solution possible à certains problèmes.

*

Nous croyons désirer le bonheur alors qu'en fait nous cherchons l'aventure.

*

Si le nez de Cléopâtre avait été plus long, Jules César se serait piqué le ventre.

*

On dit que l'amour est aveugle, et c'est bien vrai. Mais, tant qu'à faire, il vaudrait mieux qu'il le soit tout le temps. L'ennui, c'est quand il ouvre un œil. Alors, on contemple le désastre.

*

On ne vit pas dans une famille musicienne sans devenir musicien. Ou sourd. Ou fou furieux.

*

Plus on est con, plus on a peur de passer pour un con.

*

Qu'est-ce que la torture ? La torture, c'est : je te tords les couilles jusqu'à ce que tu me dises la vérité. Ma vérité. Celle que j'ai envie d'entendre.

*

Quand l'homme eut inventé la selle, il s'aperçut que le plus dur restait à faire : attraper le cheval.

*

Quand tu marches dedans du pied gauche, et qu'en glissant tu t'en mets plein les mains, et qu'en essuyant le sang sur ton nez tu t'en mets plein la figure, et qu'en te relevant tu t'aperçois que tu as perdu ton portefeuille, et que tu as cassé ta montre, et que ta femme en a profité pour partir avec un receveur d'autobus, et que tu en retrouves encore à midi dans ton casse-croûte, il faut vraiment que tu l'aies fait exprès.

*

Que celui qui n'a jamais péché demande à son voisin de lui raconter.

*

Qui veut noyer son chien dit que c'est un poisson rouge.

*

Quoi que puissent dire les gens pessimistes, l'homme n'est pas spontanément malhonnête. L'homme ne dépouille son semblable que lorsqu'il n'existe vraiment aucun autre moyen encore moins fatigant de se procurer ce que son semblable a et que lui n'a pas. Ce n'est donc pas par méchanceté, mais par souci du rendement optimum.

*

S'il y avait moins d'enfants martyrs, il n'y aurait pas autant de pères indignes.

*

Seul contre l'univers... c'est vache.

*

Seul l'Américain a le droit d'être con. C'est le privilège du seigneur.

*

Si l'on attendait de ne pas être nul pour faire quelque chose, on ne ferait jamais rien.

*

Tout accusé est présumé innocent jusqu'à preuve du contraire. Tout politicien peut bien être présumé sincère dans les mêmes conditions, ou bien est-ce trop demander ?

*

Tout ce qu'on dit avec des mots américains pourrait bien sûr l'être avec des mots français, presque toujours aussi bien, souvent mieux. L'ennui, c'est que ceux qui protestent contre l'invasion n'ont que des niaiseries à proposer. Jamais « fin de semaine » ne pourra remplacer « week-end », pas seulement parce qu'il faut deux fois plus de temps et de contorsions bucco-linguales pour le prononcer, mais parce qu'il a une tête de con.

*

Quand un cul-de-jatte rencontre un autre cul-de-jatte, ça fait un roi de jeu de cartes.

*

Tout esprit non aveuglé par la haine de ce qui élève l'homme au-dessus de lui-même professe que la guerre est une activité saine, fortifiante pour le corps et élévatoire pour l'âme, développant particulièrement l'agilité et la souplesse afin d'éviter les balles, et aussi un bon entraînement à la douleur : supporter qu'un obus arrache d'un seul coup le paquet de tripes d'un gars qu'on ne connaît pas et vous le pose sur la tête et ne pas éclater de rire n'est pas à la portée d'une mauviette.

*

Un con peut se tromper. Cinquante millions de cons ne peuvent pas se tromper.

*

Un pays est riche tant qu'il peut s'offrir le luxe de payer ses gens à ne rien faire et de payer en même temps les immigrés pour faire le boulot.

*

Un policier tué par une crapule, c'est triste, c'est révoltant. Un couvreur qui se tue en tombant d'un toit, c'est triste, c'est navrant (surtout qu'il était peut-être même pas saoul !). Dans les deux cas, il s'agit d'un accident du travail. Pourquoi alors ce déploiement de solennité autour d'un policier mort dans l'exercice de ses fonctions et pas autour d'un couvreur ? Parce que les couvreurs iraient trop souvent à l'enterrement, or ils sont payés à l'heure.

*

L'anticonformisme est la maladie de jeunesse du conformisme.

*

Qui dort dîne, qui dîne fait des miettes dans le lit, qui fait des miettes dans le lit ça le gratte, qui est gratté ça le réveille, qui se réveille n'a pas dîné, qui n'a pas dîné se dit que tous ces proverbes à la con c'est pas ça qui remplit le ventre.

*

Si jeunesse savait, vieillesse passerait un mauvais quart d'heure.

*

Lorsqu'il sut qu'il était mortel, le choc fut si violent qu'il tomba raide mort.

*

Si tous les lépreux du monde voulaient se donner la peste, ça les changerait.

*

L'homme est un singe qui a mal tourné.

*

Aussitôt qu'il eut inventé la roue, l'homme l'utilisa. Il eut tort. Il aurait mieux fait d'attendre d'avoir inventé le frein.

Pensées d'un anticléricalisme arrogamment désuet

« Donnez-moi un aller simple pour Lourdes, dit le cul-de-jatte. Je reviendrai à pied. »

*

L'homme descend du singe, or l'homme est fait à l'image de Dieu. Donc, Dieu est King Kong.

*

Comme l'a dit saint Jérôme, qu'importent les chemins par lesquels on vient à la vérité, pourvu qu'on donne à la quête.

*

« Au commencement était le Verbe », dit le supposé Évangile du supposé Jean. Le Verbe, c'est-à-dire la parole, mais vous aviez compris. C'est-à-dire aussi le baratin, pour le cas où vous n'auriez compris que jusqu'à un certain point. Quel aveu !

*

Lorsque le monde est créé, il faut le boire.

*

Dieu a mauvais goût : il aime à l'excès les dorures et le clinquant, ses temples sont des entassements de pâtisseries, ses prêtres des déguisés de carnaval.

*

Dieu est généralement inodore à la température ordinaire. Mais si l'on présente pendant quelques secondes une hostie au-dessus de la flamme d'un réchaud à gaz, on perçoit bientôt une délicieuse odeur de pain grillé.

*

Dieu est raciste : il a, aussi longtemps qu'il a pu, refusé une âme aux gens de couleur, qu'on pouvait donc vendre, acheter et traiter comme des animaux.

*

Dieu est un fourbe : il donne le double exemple de la fécondation artificielle et de l'adultère en engrossant la femme d'un charpentier par l'entremise d'un ange messager, et après il interdit l'usage de l'une et de l'autre.

*

Dieu est un ignorant : il ne savait pas que la Terre est ronde, ce sont les hommes qui le lui ont appris.

*

Dieu est un joueur : il nous donne le libre arbitre. Et puis il fait des paris : péchera ? péchera pas ?

*

Dieu est un tricheur : il donne à certains de ses chouchous la grâce, comme ça il sait d'avance qui gagnera.

*

Dieu est un névrosé narcissique : il a créé les hommes tout spécialement pour se faire adorer.

*

Dieu est un opportuniste. Il joue volontiers double jeu : en cas de guerre, il bénit avec autant de chaleur les deux armées ennemies et, par la voix de ses prêtres, leur promet à chacune la victoire, ce qui est de l'escroquerie pure et simple.

*

Dieu est un prétentieux mégalomane : il ne s'offusque pas de ce qu'on le couvre de louanges ridiculement exagérées.

*

Dieu est un taquin sadique : il crée les hommes faillibles et il les punit s'ils pèchent.

*

Dieu n'est pas tout-puissant : entre autres, il ne peut pas supprimer le passé et il ne peut pas se supprimer lui-même.

*

Dieu, dans sa toute-puissance, aurait très bien pu créer des chauves-vaches de la même manière qu'il créa les chauves-souris. S'il ne l'a pas fait, c'est parce que, dans sa toute bonté, il n'a pas voulu que nous recevions des chauves-bouses sur la tête.

*

En résumé, tout se passe comme si Dieu avait été créé à sa propre image par un homme très bête, très peureux, mesquin, cruel, vindicatif et prétentieux.

*

Grâce à l'examen approfondi des manuscrits de la mer Morte, on sait aujourd'hui de façon irréfutable pourquoi l'enfant prodigue de l'Évangile s'était enfui de chez ses parents : c'est parce qu'il n'aimait pas le veau.

*

Il n'existe qu'une seule chose au monde plus désuète que l'anticléricalisme : le cléricalisme.

*

J'appelle « secte » toute religion, petite ou grosse. Une religion dite « universelle » n'est qu'une secte qui a réussi, commercialement parlant.

*

Je ne conjugue jamais le verbe « croire » à la première personne du singulier du présent de l'indicatif.

*

Métaphysique mon cul, quoi de plus concret que de crever, et de le savoir, et de pas aimer ça ?

*

Si Dieu n'apparaît jamais aux athées, c'est parce qu'Il a peur qu'ils ne Le convertissent à l'athéisme.

*

Au commencement, Dieu ne savait pas qu'Il était Dieu, puisqu'Il était tout seul. Pour savoir qu'on est Dieu, il faut être deux : un qui est Dieu, et l'autre qui Lui dit : « Mon Dieu. »

*

Une prière exaucée serait la plus flagrante démonstration de la versatilité de Dieu.

*

La foi est un remède qui ne fonctionne qu'à condition qu'on sache qu'il n'est que ça : un placebo.

*

Quand on commence à penser, on ne peut jamais savoir où ça va vous mener. Quand un dieu commence à penser, sa pensée risque d'aboutir à ceci, qui est fort désagréable : c'est qu'il n'existe pas.

*

Si vraiment c'est un dieu qui a créé ce cloaque d'horreur et de désespoir avec la mort au bout, alors c'est un tel salaud qu'il vaut mieux qu'il n'y en ait pas.

*

A force d'invoquer Dieu, il finira peut-être par exister.

*

Jésus-Christ, célèbre prophète juif hérétique (0-33 ap. J.-C.) était homosexuel, mais il ne le savait pas. Si la psychanalyse avait existé de son temps, il aurait été guéri de ses obsessions d'autoculpabilité et nous continuerions d'adorer Jupiter avec toutes ses petites déesses à poil, ce qui serait quand même plus marrant que la messe.

*

Ève, notre mère à tous, fut la première femme. Première femme, première salope. C'est par sa faute que nous mourons, et qu'avant de mourir nous menons une vie de dur labeur, de lever aux aurores, de mal aux dents, de T.V.A., de tabac qui donne le cancer et de milliers de paires de cuisses fabuleuses qui nous passent insolemment sous le nez et ne sont jamais pour nous. Le péché originel, c'est pas elle, peut-être ? Qui c'est qui a croqué la pomme, et l'a donnée à croquer à Adam ? Tout est de sa faute, nous ne la maudirons jamais assez.

*

L'homme ne peut pas être né pour simplement vivre

et mourir. Il se cherche des missions, des raisons d'être. Il veut être né pour quelque chose. Quelque chose qui, si possible, le dépasse. L'homme est volontiers mégalo. D'où les divagations des religions, des philosophies et des idéologies de masse, ces religions sans dieux : « salut » dans l'au-delà des religions à survie, idéaux moraux, « marche en avant » de l'humanité, sacrifice à la patrie, à la cause, aspiration vers un amour surhumain. Verbiage. Excitation lyrique. Consolationnisme. Carotte à l'âne. Le salut ne saurait être qu'individuel, et matériel.

*

L'athéisme n'est pas un état confortable, acquis une fois pour toutes. L'athéisme est une vigilance permanente. L'esprit religieux nous guette sans cesse, dans tous les domaines, c'est notre pente fatale.

*

La raison, c'est comme le reste, si tu ne t'en sers pas, ça rouille.

*

L'intolérance est le thermomètre de la foi. Elle

monte ou descend avec elle. Quand la foi se fait tolérante pour les autres fois, c'est qu'elle est en perte de vitesse. Un croyant sincère et conséquent ne peut admettre qu'une autre vérité que la sienne puisse être vraie, qu'un autre dieu puisse coexister au sien. Un croyant ne peut être qu'intolérant, ou alors il est incohérent. Se satisfait d'un à-peu-près tiédasse. Ne va pas au fond des choses. Quiconque n'est pas fanatique ne croit pas vraiment. Le fanatisme n'est pas un aspect fâcheux et dévoyé de la religion : il est la religion même.

*

Qu'ont en commun les inquisiteurs, les brûleurs de sorcières, les massacreurs de populations au nom de la Foi (soixante mille égorgés lors de la prise de Jérusalem, pendant la première croisade), les bénisseurs d'armées, les pendeurs d'hérétiques, les incitateurs à l'assassinat pieux, les lapideurs de femmes adultères, les qui vont-à-la-messe, bouffent du foie gras et laissent un abbé Pierre leur astiquer la bonne conscience en se faisant le bouc émissaire de la charité ? Ils ont en commun le mot-clé de tous les culs-bénits : AMOUR.

*

Les ayatollahs ont mis à prix la tête de Rushdie. Elle rapportera un million de dollars à son assassin s'il est étranger, trois millions s'il est iranien. Les maîtres de l'Iran ont-ils donc aussi peu confiance dans le zèle religieux de leurs sujets qu'ils doivent pour eux tripler la mise ?

*

On ne peut pas croire toute sa vie au Père Noël. Moi, en tout cas. Vint un moment où, à la première question du catéchisme : « Qu'est-ce que Dieu ? » j'eusse répondu par : « Le Père Noël des grandes personnes. »

*

La bonne combine, à Lourdes, c'est d'arriver juste quand on vient de changer l'eau de la piscine, avant que sa capacité de miracle n'ait eu le temps de se diluer dans les microbes d'autrui.

*

Pourquoi sont-ce toujours des paralytiques, des muets, des ankylosés, des mal-au-ventre, des constipés, enfin, bref, des entiers, qu'elle daigne guérir, la

Vierge ? Pourquoi ne fait-elle jamais repousser une jambe coupée, là, sous nos yeux ? Ça ne devrait pas lui coûter plus, enfin, quoi. Pour le Bon Dieu, faire disparaître une verrue ou reconstituer un cul-de-jatte, c'est du pareil au même. Et ça, oui, ça aurait de la gueule, ça !

*

La religion, aujourd'hui, a beau jeu de se targuer d'avoir aidé aux progrès de l'esprit. Comme les patrons qui se targuent des conventions collectives qu'il fallut leur arracher en un long, en un sanglant combat.

*

Si Dieu existait, changeriez-vous quelque chose à vos habitudes ?

*

Quand, à Bethléem, le jour du premier Noël, on vint livrer une croix à la crèche, la Sainte Vierge se contenta de dire : « Vous êtes un peu en avance, mon ami. Revenez dans trente-trois ans. »

*

Miracle à Lourdes : cent cinquante mille personnes sont venues pour la visite du pape et aucune n'a tiré dessus.

*

Les maçons du Moyen Age savaient parfaitement que Dieu n'existe pas, mais ils espéraient qu'à force de lui bâtir des cathédrales il finirait par exister.

*

Message : « Marie, reviens. Je pardonne. Je reconnaîtrai l'enfant. » Signé : Joseph.

*

Une religion établie, c'est une hérésie qui a réussi.

*

Une religion sans mythe, c'est une jupe et pas de femme dessous.

*

Le suicide réussi est le seul péché mortel dont on ne puisse pas se confesser.

*

Mieux vaut être Jésus-Christ et bien portant que Judas et malade.

*

Un individu vraiment pieux ne se déplace jamais sans emporter son prie-Dieu.

*

N'oublie pas de dire tes blasphèmes du soir, dit la maman athée à son petit garçon.

*

Quand Jésus-Christ est mort, on a bien cru que c'était la fin du christianisme.

*

Quelle que soit l'évolution politique de l'Europe de demain, sa culture sera américaine, ses équipements seront japonais, sa « pensée » sera cul-bénite. Ça peut se résumer ainsi : la messe en rock dans des haut-parleurs japonais.

*

Si Dieu est Dieu, s'Il est cet être infiniment bon, s'Il est cette intelligence suprême, alors Il ne peut pas nous en vouloir de ne pas croire en Lui. C'est pourquoi je suis serein dans mon incroyance.

*

Si vraiment ce monde où nous sommes a été créé, créé par quelqu'un qu'il est convenu d'appeler Dieu, alors tout se passe comme si ce personnage doué du pouvoir de créer était un arriéré mental incohérent et brouillon, un impulsif à tendances sadiques, un caractériel infantile... En somme, un enfant dieu débile et dangereux qu'on aurait isolé dans un coin lointain d'univers pour qu'il fiche la paix au monde en faisant joujou sur son tas de sable à arracher les pattes des mouches. Les mouches, c'est nous.

*

« Tu gagneras ton pain à la sueur de ton front. » Une punition, quoi. Nous sommes des taulards, la terre est un bagne, nous sommes condamnés à perpète parce qu'Adam et Ève ont volé une pomme... Un dieu comme ça, c'est un voyou. Capable de tout. On ne peut pas lui faire confiance. Ne tourne jamais le dos !

*

Si Dieu était ovipare, il faudrait remplacer les crucifix par des coquetiers.

*

Un dieu unique, sans visage mais partout présent, porte beaucoup plus facilement au fanatisme qu'un Olympe grouillant de fesses roses et de nichons coquins, fleurant le patchouli et la déesse en chaleur. Le harem ne suscite pas l'amour passion. Le mystère, si.

*

Un dieu salaud est capable de tout. Il n'y a pas d'autre terme à l'alternative : ou pas de dieu, ou un dieu salaud. J'ai choisi pas de dieu. Et si, pour improbable que soit la chose, dieu existe quand même, ce dieu infiniment bon, infiniment intelligent qu'on nous présente, alors il ne peut pas m'en vouloir de ne pas croire en lui, puisqu'il fait tout pour cela. Je joue gagnant à tous les coups.

*

La torture peut être l'expression la plus haute de la charité chrétienne. Saint François d'Assise n'a-t-il pas dit : « Celui qui ne possède rien peut toujours donner un coup de poing dans la gueule. » Et le saint ajoutait, judicieusement : « Ou bien un coup de pied dans les couilles, s'il a les bras chargés. »

*

Si l'on regarde attentivement une hostie à contre-jour, on peut voir distinctement quel morceau de Jésus-Christ on va déguster.

*

Le sacrement du mariage lie indissolublement un homme à une femme. Seule la mort de sa femme peut libérer l'homme de ce lien (provisoirement, toutefois, le temps du reste de son séjour terrestre, car la mort réunit les époux, qui affronteront la main dans la main le Jugement dernier, ce qui pose la question des veuves et des veufs remariés : la polygamie serait donc permise après le Jugement ? Et même les parties carrées ?).

*

La Sainte Vierge est le seul mammifère du sexe féminin dont la membrane de l'hymen ait été forcée de l'intérieur.

*

Dites voir, s'ils l'avaient empalé, leur Jésus-Christ, où les porteraient-ils, les stigmates, les élus de Dieu ?

*

Si Jésus vivait de nos jours, il devrait monter au Calvaire en portant sa guillotine sur son dos.

Pensées
s'égarant volontiers
au-dessous de la ceinture

L'homme est sain et direct. S'il n'y avait eu que lui, le sexe serait resté le sexe. La femme complique tout. C'est par sa faute que le sexe est devenu l'amour.

*

Il n'y a pas d'hommes impuissants. Il n'y a que des femmes feignantes.

*

Il est absolument impossible d'uriner pendant le coït, ou alors c'est qu'on n'est pas vraiment amoureux.

*

L'homme est le seul animal qui, pour se reproduire,

commence par enfoncer sa langue dans la bouche de sa femelle. Toutes les autres bêtes sans exception trouvent du premier coup quels sont les organes adéquats.

*

La femelle du membre sexuel s'appelle la femme.

*

Lorsqu'une femme passe le cap périlleux de la puberté, il se produit dans son organisme des métamorphoses extrêmement intéressantes à observer si l'on possède une bonne paire de jumelles et une chambre juste en face.

*

Si l'on applique l'oreille contre le ventre d'une vierge au moment où elle est frappée par la ménopause, on entend distinctement un immense cri de désespoir.

*

Si les pédérastes sont beaucoup plus souvent sujets

au torticolis que les autres individus, c'est parce qu'ils veulent absolument s'embrasser sur la bouche en faisant l'amour.

*

Soixante-quinze pour cent des Français sont persuadés que les Arabes ont un membre sexuel particulièrement long, que les Nègres l'ont particulièrement gros et que les Jaunes savent particulièrement bien s'en servir, mais que les femmes préfèrent l'intelligence.

*

a) Il n'existe pas de chagrin d'amour qui fasse aussi mal qu'un gros panari,
b) pourtant jamais personne ne s'est suicidé parce qu'il avait un gros panari,
c) donc les suicidés par amour sont tous des douillets.
Nous devons les mépriser et leur jeter des pierres.

*

Chacun vit l'amour à sa façon. Dommage que les façons des deux sexes soient différentes, et même complètement opposées. A se demander si la femme est bien la femelle de l'homme.

*

Depuis que je sais que je suis un obsédé sexuel, je regrette amèrement tout ce temps où je l'étais sans le savoir.

*

Deux Français sur cinq procèdent eux-mêmes au dépucelage de leur fille le soir de sa première communion. Les autres sont athées.

*

Elle entrait dans la ménopause comme une belle frégate entre au port : toutes voiles dehors.

*

J'ai eu seize ans en 39. Tandis que les trente-six mille gueules hurlantes de la plus terrible de toutes les guerres se déchaînaient, j'étais, moi, attentif au hurlement tout intime mais autrement impérieux de mes jeunes glandes. Que voulez-vous, c'est comme ça, une hécatombe ne fait pas le printemps, mais elle ne l'empêche pas non plus.

*

Deux Français sur trois gardent leur béret basque pour faire l'amour. Le troisième s'en sert comme préservatif.

*

J'aime pas les femmes bronzées. Les pains d'épice. Les femmes de cuivre. Les boucanées vieux cuir. Dures, ça les fait. Métalliques. Imperméables. Inhumaines. Et vieilles. Si vieilles, tout à coup...

*

L'Académie de médecine est formelle : quatre-vingt-quinze pour cent des violeurs rougissent en commettant leur forfait. Conclusion : les violeurs sont de grands timides. Ils font ça pour se donner une contenance. Les cinq pour cent qui restent sont des pickpockets qui ne violent que pour détourner l'attention de la femme pendant qu'ils lui font les poches.

*

L'éjaculateur le plus précoce de tous les temps est André Cholapin, écosseur de petits pois aux usines William Saurin. Il n'a jamais pu entendre prononcer la deuxième syllabe du mot « femme ».

*

L'homme est le seul animal qui prend sur son temps de sommeil pour se reproduire.

*

L'homme et la femme sont absolument asexués jusqu'au mariage. Ils ressentent les premières atteintes du désir immédiatement après que chacun d'eux a prononcé le mot « Oui » devant un maire régulièrement élu au suffrage universel ou, à la rigueur, devant son adjoint.

*

L'impuissant fait rire, c'est un fait. Un impuissant qui s'ignore, ou qui, se repliant farouchement sur lui-même, garde le secret sur son état, prive son entourage de saines occasions de détente dans la bonne humeur. C'est donc un égoïste, en plus.

*

La grande terrible fureur du rut qui fait bramer le cerf au fond des bois et valser au plafond les chaussettes du cadre supérieur...

*

Une femme court après l'autobus. Elle est quelconque, un tas, rien. N'empêche, une femme. Machinalement, obstinément, un coin de ma tête essaie de lui trouver QUELQUE CHOSE. N'importe quoi. Un truc où accrocher du sexe. Rien que le mot « femme », imprimé, me picote la glande comme ne le fait pas « homme », ou « automobile », ou « dinosaure », ou « millions de dollars ». Il n'est PAS POSSIBLE qu'une femme n'ait RIEN. Moche, sale, malade, vieille, morte même, je tourne autour, je la pousse de la truffe, je trouve toujours quelque chose à quoi accrocher le fantasme. Toujours. Ne serait-ce que le fait qu'elle est femme.

*

La paresse est la mère des enfants légitimes. Les bâtards se font debout.

*

La solitude est le plus terrible fléau de l'homme moderne. Surtout de sa femme.

*

Neuf Français sur dix éteignent la lumière avant de faire l'amour, sauf s'ils sont dans une chambre d'hôtel ou chez des amis : les Français sont économes.

*

Quand on ne se fait plus la gueule, c'est vraiment la fin de l'amour.

*

Quand un homme aborde avec une femme, sur un divan, le sujet de la douloureuse mutation de la droite française ou celui de la meilleure façon de combler le gouffre de la Sécu, le but de l'opération reste strictement le même qu'aux temps où il lui parlait de la couleur de ses yeux, à savoir : arriver à introduire son gros machin à lui dans son petit truc à elle et exercer un actif mouvement de va-et-vient jusqu'à obtention d'un résultat satisfaisant pour les deux parties. L'essentiel est que nous nous comprenions cinq sur cinq et soyons bien d'accord quant à la mise en pratique.

*

Qui aime bien chatouille bien.

*

Il est faux que les femmes frigides vivent plus longtemps que les autres. Simplement, le temps leur semble plus long.

*

Rien n'est plus distrait qu'une femme qu'on viole. Vous demandez le signalement de l'ignoble individu, elle vous répond : « C'est un grand brun, très pressé, qui embrasse bien. »

*

Rien n'est plus poignant qu'une nymphomane qui ne sait pas déboutonner une braguette.

*

Sept Français sur dix sont malheureux en ménage. Les trois autres sont célibataires.

*

Un homme appréciera toujours qu'une femme se mette en frais d'amabilité pour sa pomme, même si c'est pour lui placer une assurance vie.

*

Une femme n'est pas une femme du premier coup, comme ça, hop ! Non. Ce serait trop facile. N'importe qui pourrait en faire autant. Une femme ne devient femme que lorsqu'elle a passé le cap périlleux de la puberté. Avant, elle est une merdeuse.

*

Agamemnon et Clytemnestre... Quand ces deux-là faisaient l'amour, quel entrechoquement de syllabes sonores ! Quel raffut dans le palais de marbre !

*

Quatre-vingt-douze Françaises sur cent n'ont jamais connu l'orgasme. Les autres sont des salopes.

*

Un sadomasochiste, c'est un type qui se coupe les couilles pour se faire rire, et qui y réussit.

*

Ne fais pas à autrui ce que tu voudrais faire à sa femme.

*

La jeune fille bien élevée est le seul animal qui rougit en voyant une banane.

*

L'homme n'est que poussière. La femme est un aspirateur.

Pensées utiles pouvant toujours servir dans un ménage

Dans toute femme il y a un ange qui sommeille. Suffit de cogner assez fort pour le réveiller.

*

Une route est un tapis roulant peint en noir qui se met en marche dès qu'on appuie sur le démarreur de la voiture.

*

Il est dangereux de se baigner moins de trois heures après avoir mangé des champignons vénéneux.

*

Quand un homme est aveugle et paralytique, il a du mal à se faire des amis.

*

La femme fut le premier animal domestique. Elle demeura longtemps le seul.

*

Quatre-vingt-quinze pour cent des fumeurs qui ont tenté de remplacer la cigarette par le chewing-gum estiment que ce dernier produit une désagréable fumée noire.

*

Même attrapé à proximité d'un champ de bataille, un furoncle ne donne pas droit à la mention « Mort pour la France ».

*

Si l'administration militaire faisait correctement son travail, il n'y aurait pas de Soldat Inconnu.

*

Bossu très maigre, avec vertèbres saillantes, cherche emploi d'escabeau.

*

Enfin, bon, on a beau vitupérer les horreurs de la guerre, s'il n'y avait pas de guerre de temps en temps, on n'aurait pas grand-chose à commémorer.

*

Est-ce que les maris sont déjà des maris avant le mariage ? Ou bien est-ce le mariage qui les abîme comme ça ?

*

Être sourd rend méchant. Être à demi sourd rend hypocrite.

*

Faute de grives, on mange le chien.

*

Il arrive un moment, dans la vie des hommes mariés, où le lit est devenu pour eux un meuble strictement fait pour dormir, ou pour lire des polars quand le sommeil tarde à venir.

*

Il est interdit de jeter des bouteilles vides par la portière, à cause des cantonniers. Les cantonniers préfèrent que l'on jette des bouteilles pleines.

*

Quand on a l'intention de se suicider en se jetant du haut d'un immeuble, on a intérêt à le choisir le plus élevé possible, de façon à avoir le temps de changer d'avis.

*

Il est pratiquement impossible de violer une femme qui porte une échelle sur chaque épaule.

*

Il n'existe qu'une seule chose mille fois meilleure que la santé : c'est la guérison. C'est pourquoi il faut être malade de temps en temps.

*

Il ne faut jamais donner de l'alcool à un accidenté de

la route avant d'être sûr qu'il vit encore. Autrement, c'est du gaspillage.

*

Il vaut mieux marcher sur une tortue réveillée que sur un patin à roulettes endormi.

*

Infarctus : maladie des petits trépidants qui n'ont pas la patience d'attendre leur cancer, comme tout le monde.

*

L'asticot, c'est le chien du pêcheur.

*

La boussole est une espèce de montre qui indique toujours midi et demi.

*

La brosse à dents ne sert pas à grand-chose, le dentifrice strictement à rien. Bien sûr, si tu pues de la gueule, ça peut te tranquilliser, mais comme, en fait, la puanteur vient de l'estomac, tu n'arrives qu'à masquer l'horreur, très provisoirement, et puis, dans un deuxième temps, à superposer l'effluve mentholé aux miasmes de ton cloaque intime, ce qui est à peu près aussi abominable que l'odeur d'un mégot froid de tabac à la menthe. La brosse à dents, je l'atteste, ne sert qu'à nous tranquilliser la conscience, à nous endormir la culpabilité. Cinq à dix minutes de corvée avant de se coucher, l'homme a fait son devoir, il peut creuser son trou dans le matelas ou honorer bobonne. C'est pourquoi les honnêtes femmes ne connaissent de l'amour que les baisers mentholés. Heureusement, il y a les cinq-à-sept. Mais peut-être les amants se lavent-ils les dents, avant ? Pauvres femmes !

*

La constipation est une manifestation de l'avarice. Il faut se moquer des constipés et les montrer du doigt.

*

Si ta main droite a commis une mauvaise action, efface les empreintes.

*

Quand on n'a pas d'épaules, on fait tenir ses bretelles sur ses oreilles.

*

La fièvre est provoquée par l'introduction subreptice d'un thermomètre centigrade dans un orifice naturel.

*

La fin du monde a eu lieu hier matin et personne ne s'en est aperçu.

*

Plus on est de fous aux lèvres gercées, plus on a mal quand on rit.

*

La guerre est beaucoup moins dangereuse que le verglas.

*

La maladie est une question de terrain. Autrement dit, il suffit de supprimer le terrain. Le terrain sur lequel prolifère la maladie, c'est la Sécurité sociale. Le gouvernement français l'a parfaitement compris. Les malades sont les fruits pourris de la Sécurité sociale. Abattons l'arbre, les fruits tomberont avec. Ça, c'est pensé. Et c'est français. Il faut choisir : ou la télé en couleur, ou l'aspirine remboursée. Ou le Mirage IV, ou le suppositoire à l'œil.

*

La montagne est l'endroit où vont ceux qui sont trop mal foutus pour oser se montrer en caleçon de bain. Ils font semblant d'aimer ça, mais au fond ils ont honte. Ça ne trompe personne. Les vraies vacances, c'est la mer. Nous devons mépriser ceux qui vont à la montagne.

*

La saucisse de Francfort est insoluble dans la choucroute.

*

Si, ayant frappé ton prochain sur une joue, il te tend l'autre, frappe-le sur la même, ça lui apprendra à faire le malin.

*

Le médecin d'aujourd'hui, grâce à l'immense arsenal

scientifique, technique et pharmacodynamique que la thérapeutique moderne met à sa disposition, est formidablement armé pour traquer la petite infirmière dans la buanderie et lui relever la jupe au-dessus de la tête.

*

Le seul bon moment en prison, c'est quand on en sort.

*

Qui rit vendredi, c'est toujours ça de pris. Qui pleure vendredi, dimanche il ne saura pas quoi faire.

*

Quand la tour de Pise penche vers la droite, c'est qu'il va pleuvoir. Quand elle penche vers la gauche, c'est que vous arrivez par l'autre bout de la rue.

*

Le traitement des maladies honteuses comporte trois étapes :

a) n'avouez jamais,

b) n'interrompez en aucun cas vos rapports

sexuels avec votre épouse, car c'est alors qu'elle soupçonnerait quelque chose,

c) faites très attention en traversant la rue. Vous êtes déjà bien assez malheureux comme ça sans aller encore vous casser une jambe.

*

Les hémorroïdes ne sont généralement pas mortelles, sauf le cas relativement rare où elles pendent si bas que le malade se prend les pieds dedans et trébuche juste au moment où il passe devant la fenêtre ouverte et bascule par-dessus la balustrade du balcon du dix-huitième étage.

*

Les tueurs de chefs d'État sont des tireurs d'élite, toujours. Il suffirait donc d'équiper le chef d'État d'un ingénieux système de plomberie par le moyen duquel un petit jet d'eau s'épanouirait en permanence au-dessus de la tête du chef d'État. Une balle de ping-pong danserait sur le jet d'eau, comme dans ces stands de tir, à la foire. Le tueur tireur d'élite ne pourrait résister à l'envie d'abattre la balle.

*

« Non, petit gars, faut pas rêver, il y a toujours eu des guerres et il y en aura toujours, c'est comme ça, autant prendre la chose du bon côté. L'homme a besoin de risque, de peur surmontée, de victoire, de viol, de pillage, de souvenirs de régiment. L'homme, en un mot, a besoin d'aventure. Et puis, la paix, c'est si bon, quand ça revient ! Rien de mieux qu'une bonne guerre pour apprécier la paix... C'est de la psychologie, ça, petit gars. »

*

Moi, je suis ivrogne, pas malade. Eh bien, ce que je bois, je le paie ! Moi aussi, je pourrais réclamer une Sécurité sociale pour les ivrognes. Pour rembourser le calva à quatre-vingts pour cent. Et je ne serais pas tout seul. Et peut-être même que la loi passerait plus vite qu'aucune loi n'est jamais passée auparavant. Mais on a notre fierté, nous. Les malades, ça n'a pas de dignité.

*

Ne gardez pas votre âme pour dormir : elle pourrait prendre un faux pli. Mettez-la dans un verre d'eau avec du désinfectant.

*

On ne part pas à la guerre comme ça, de but en blanc. Il y a la préparation. Avant de partir pour la guerre, il faut être très en colère. Absolument indispensable. Vos chefs, vos gouvernants, vos journaux-radios-télés s'emploient activement à vous gonfler la glande du chauvinisme juste avant. La guerre sans la haine de l'ennemi, vous trouvez que ça aurait du goût, vous ? Essayez donc de balancer une baïonnette dans le ventre d'un type, de l'enfoncer bien à fond en tournaillant un peu à droite à gauche que ça lui fasse bien mal, lui découpe la boyauterie en lamelles tout à fait irrécupérables, comme on vous a appris, oui, c'est ça, essayez donc de faire ça calmement, le sourire de la bonne éducation aux lèvres, en vous excusant d'être obligé de déranger mais, n'est-ce pas, le boulot, c'est le boulot... D'abord, ça ne pourrait pas marcher. Ensuite, ça deviendrait vite ennuyeux.

*

Plus on a de pieds, moins on sait quoi en faire.

*

Pourquoi fait-on la quête pour le cancer et pas pour les flics ? Parce que les flics ont de la dignité, pas les cancérologues... Et puis, qui donnerait pour les flics ? Pas toi, n'est-ce pas ? Tu vois bien. C'est pourquoi l'État paie ses flics, pas ses cancérologues. Il a bien raison.

*

Pourquoi le chat est-il devenu notre petit compagnon familier, et pas le lapin ? Le lapin est aussi doux à caresser que le chat, il doit certainement être aussi affectueux, il ne lacère pas la tapisserie du canapé ni les yeux des petits enfants, on peut enfin le transporter par les oreilles, ce qui est très pratique pour le voyage.

*

Quand on n'a pas de tête, on tient ses oreilles à la main.

*

Qui n'a pas de fond de culotte doit toujours faire face.

*

S'emmerder à deux, ça n'existe pas. Quand on s'emmerde, on est toujours tout seul.

*

Si les icebergs sont tellement dangereux, c'est parce que la plus grande partie de leur hauteur totale (90 %) se trouve sous le niveau de la mer et est de ce fait invisible. Pour rendre un iceberg inoffensif, il suffit donc de le retourner.

*

Un bon tiens vaut mieux que douze balles dans la peau.

*

Un corps sain n'a pas besoin d'âme.

*

Si l'on te frappe sur la joue droite, tends la gauche, ça te changera.

*

Un mariage, c'est fait pour être foutu. On se marie pour échouer. Et, tant qu'à faire, le plus tôt est le mieux.

*

Qui sème des lames de faux récolte des culs-de-jatte.

*

Une gifle ne fait absolument pas mal si l'on a pris la précaution de gonfler les joues auparavant.

*

Un homme qui meurt par noyade revoit en un éclair toute sa vie passée, alors qu'il ferait mieux de nager.

*

Ne rendez pas l'âme : les âmes ne sont ni reprises ni échangées.

*

Quand un vieillard est admis à l'hôpital, on commence par lui ôter ses skis. Il n'en aura plus besoin, puisqu'il ne passera pas l'hiver.

*

Être un peu con, ça peut procurer de grandes joies simples. Vous devriez essayer.

Pensées
à la première personne
du singulier

Je suis plus feignant que soucieux de ma gloire, beaucoup plus. Sans ça, vous pensez, il y a longtemps que je serais Empereur du Monde.

*

A quel âge me suis-je mis à ne plus aimer ce qu'on appelle « les Fêtes » ? A quel âge leur approche même, dès novembre, a-t-elle commencé à me barbouiller l'âme, à développer en moi, de jour en jour plus poignants, cet irrésistible cafard, cette sournoise envie de me tuer ? A quel âge suis-je devenu un vieux con ? Très tôt. Je ne puis mieux préciser, mais très tôt, c'est sûr. La fin de l'enfance, l'adolescence, par là... Il a bien fallu qu'il y ait un moment comme ça.

*

Avez-vous donc inventé la télé dans le seul dessein de me faire voir mon voisin de palier en chemise de nuit ? Fallait pas vous donner tout ce mal, si la vie de mon voisin m'intéressait, j'aurais percé un petit trou dans le mur.

*

Les dessins d'enfants. J'abomine. Tous pareils. Il paraît qu'il y a plein de choses à y voir, que c'est plein de poésie, de psychologie, tout ça, tout ça... Je m'en fous. C'est laid, maladroit, con, sale, cafardeux. Attendrissant ? Oui, pendant une minute. Surtout si c'est ton môme. Le célibataire averti fuit comme la peste les maisons où il y a des gosses, et qui dessinent.

*

Quand j'entends le mot « culture », je sais qu'il va se dire des conneries.

*

Ces terribles bosseurs : Hugo, Balzac, Zola..., qui organisaient leur temps minute par minute, baisaient à couilles rabattues, menaient une intense vie mondaine, géraient minutieusement leur ménage et celui de leur maîtresse, se couchaient à l'aube pour se lever à l'aurore et pondaient du génie à la tonne, comme une bétonneuse crache son béton... Me foutent des complexes. Écrasé. Indigne. Les sales cons !

*

Qui a dit qu'une exposition de tableaux était l'endroit où se débitaient le plus de conneries à l'heure ? Flaubert ? Il n'était jamais allé au zoo !

*

De qui se moque-t-on ? Bon début. Tout article polémique devrait commencer par « De qui se moque-t-on ? » Je tiens la frite, les gars, ça va péter.

*

J'ai entendu récemment un gars haut placé, un fonceur, un gagneur, un exemplaire, déclarer : « Les plus belles réussites commencent par un échec. » Il n'a pas ajouté, et c'est dommage, alors je le fais : « Les plus beaux échecs commencent par une réussite. »

*

J'ai rencontré un crapaud. La journée n'est pas perdue.

*

Les crâneurs qui n'ont qu'une idée : faire une belle mort. Si, moi, on me menait couper le cou, tu peux être sûr que je ne chercherais pas à en foutre plein la vue à tous ces cons, ah, non, alors ! Je gueulerais, je chialerais, je me roulerais par terre, je leur cracherais à la gueule, j'appellerais ma maman, je me referais chrétien, je donnerais le spectacle de la plus honteuse lâcheté... C'est bien le dernier plaisir qu'on puisse s'offrir, non ? Pourquoi s'en priver ?

*

Des trucs qui me frappent toujours : « Non à la bombe à neutrons ! » « Non aux armes nucléaires ! » J'admire ces gars et ces filles qui militent pour avoir le droit de choisir leur mort. Pour ma part, je ne vois pas en quoi il est plus agréable de recevoir dans le bide quelques kilos de ferraille propulsée par des explosifs « classiques » que d'être désintégré par quelques mégatonnes nucléaires. Il n'y a qu'une manière de dire non, et c'est « Non à la guerre ! Non à l'armée ! Non à tous les engins de mort ! »

*

J'aime la franchise, moi. Les journaux sont des prospectus, ne sont que des prospectus, et, honnêtement, on devrait les donner pour rien, comme des prospectus. Les quelques bribes d'articles parcimonieusement tolérées dans les interstices entre les réclames ne sont là que pour guider l'œil du gogo vers les pièges à Smig.

*

J'emmerde le futur et ses générations. Un futur où je ne serai pas n'existe pas. Le présent seul existe, et il n'existe que pour moi.

*

Métaphysique mon cul ! Ce n'est pas l'au-delà qui m'inquiète, ni de savoir s'il existe un pourquoi de la vie et un parce que, ni si l'univers est une crotte de chien sortie du trou du cul du hasard ou un mécanisme de haute précision créé par je ne sais qui en vue de je ne sais quel dessein tordu à choisir dans le bric-à-brac des marchands de religions et autres exploiteurs, précisément, de cette angoisse qu'ils s'emploient, eux, à rendre métaphysique. Précisons donc, puisqu'il paraît que c'est nécessaire. Je n'ai pas peur de mourir. Enfin, pas trop. Simplement, je trouve que c'est trop con ! J'aime vivre, moi. C'est bon d'avoir faim, d'avoir soif, de manger, de boire, d'aimer, d'être aimé, de ne plus l'être, d'avoir peur, de se rassurer, d'ouvrir mes longues jambes maigres et de sentir le trottoir courir dessous, de regarder les pensées cavaler dans ma tête, de me dire que ça, c'est moi, et que je suis dedans, et qu'on va drôlement bien ensemble ! Alors, puisque ça a commencé, je ne veux pas que ça finisse. Fallait pas m'y faire goûter.

*

« Je n'ai pas d'ennemis.
— Pourtant, Untel, et Untel...
— Eux ont peut-être décidé d'être mes ennemis. Encore faudrait-il que j'accepte. »

*

Je hais la compétition. Sous toutes ses formes. J'aime bien gagner, mais je ne supporte pas que l'autre perde.

*

Une hirondelle ne fait pas le printemps. Un coup de poing dans la gueule non plus. Des tas de choses ne font pas le printemps et n'en sont pas plus fières pour ça.

*

Je me suis aperçu que, si le travail bien fait est source de joies puissantes, la paresse savourée en gourmet ne l'est pas moins.

*

Je ne suis pas de mon temps. Ni d'aucun autre temps. Je suis exilé dans le temps. J'emmerde le temps et ceux qui sont bien du leur.

*

Je vomis les majorettes. Elles sont l'image la plus parfaite d'une civilisation en pleine merde, le produit le plus ahurissant d'une culture populaire complètement déboussolée. Il y avait déjà les clowns. Mais les clowns le font exprès. Les clowns, c'est la dérision sophistiquée. Les majorettes, ça rigole pas. Cuicuisses roses et gueules de raies. En bas la frustration, en haut la punition. Zim, boum, hop là, qu'est-ce que c'est que ça ? C'est les majorettes qui passent.

*

L'argot m'a toujours fasciné. Pas en spectateur : je suis né bilingue français-argot.

*

L'autre emplumé expliquait dans le poste que seuls les matadors aimaient vraiment les taureaux. « Car, pour tuer dignement le taureau, il faut le comprendre et l'aimer. » Assassin parfumé ! Habit de lumière égale S.S !... Si les nazis avaient gagné la guerre, sûr qu'il y aurait eu un poète inspiré pour démontrer que seuls les S.S. avaient su comprendre et aimer les Juifs. Peut-être même ce poète existe-t-il et n'attend-il que l'occasion pour nous chanter ça ?

*

L'homme aime l'odeur du chien, le chien aime l'odeur de l'homme. Ça tombe bien. On se sent moins seul dans ce putain de vide intergalactique.

*

L'homme n'existe que vêtu, et pas n'importe comment. C'est le complet-veston, symbole compassé de la respectabilité morne, de la dignité boursouflée, qui lui confère l'existence. Posé sur l'homme comme un cache-pot, comme une housse, comme une cloche, il annihile ses véritables formes et lui en plaque de fausses, flatteuses quant à la carrure, mais standard, anonymes. Tous les hommes se ressemblent, comme des meubles de série. Ce n'est plus de l'habillement, c'est de l'ébénisterie, et quelle ébénisterie ! Nous ne nous déplaçons que dans un double sarcophage, le second étant la voiture.

*

La psychanalyse a bouleversé notre compréhension de nous-mêmes et de l'univers qui nous contient. Elle a partout remplacé la médecine de papa, mais aussi la morale, la religion, l'histoire, la géographie, l'économie politique, l'art et le cassoulet toulousain. On se demande comment nos ancêtres ont pu survivre sans la connaître.

*

Là où je ne suis pas, il n'y a rien.

*

Je hais la violence, d'où qu'elle vienne, quel que soit son but. On peut toujours régler les problèmes autrement.

*

Le jeune futur matador, aux fesses bien moulées dans sa culotte à la con, qui se dresse gracieusement sur la pointe des pieds pour enfoncer rituellement ses deux javelots enguirlandés dans la nuque offerte, et puis fait un non moins gracieux saut de côté pour éviter les cornes du « fauve », oh que je le hais !... Mais il risque sa peau, monsieur !... Et alors ? Qu'en ai-je à foutre ? Le couvreur aussi risque sa peau, et tous les jours, mais il n'a pas de fanfare, lui, ni d'« habit de lumière », lui, ni de « Olé ! », et il n'assassine ni ne torture personne, lui !

*

Le luxe effréné dans lequel nous vivons nous est-il nécessaire ? Serions-nous très malheureux si nous vivions sans Coca-Cola, sans eaux minérales, sans résidence secondaire, sans changer de robe tous les mois, sans cosmétiques, sans champagne, sans bijoux, sans fourrures, sans trois kilos de prospectus sur papier de luxe dans nos boîtes aux lettres ? Sans voitures plein nos trottoirs ?

*

« Le moi est haïssable. »

PASCAL

« J'emmerde Pascal. »

MOI

*

Je hais la guerre. Rien au monde ne vaut que qui que ce soit sacrifie sa vie. « Plutôt mourir dans l'honneur que de vivre lâche. » Voilà le poison qu'on nous fait entrer dans les réflexes. On fait de nous des machines à tuer et à mourir. La mystique de l'honneur... Moi, j'affirme que quand on est mort, on est mort, et que rien ne peut être pire. Alors que vivre lâche, infâme, bourrelé de remords... C'est sans doute inconfortable, mais ça vaut le coup d'essayer. Rien que pour voir. Il sera toujours temps de se suicider si vraiment c'est insupportable.

*

Le spectacle sportif, ça me fait comme si, parce que j'aime les tartes aux pommes, je devais payer mon strapontin pour regarder des types se taper des tartes aux pommes... Le sport, ça se pratique, ça ne se regarde pas.

*

Les autobus sont en grève. Contre l'insécurité. Les syndicats, c'est-à-dire les travailleurs, réclament des flics ! C'est-à-dire leur pire ennemi ! Un flic dans chaque bus après neuf heures du soir. Armé, le flic. Debout au fond du bus, mitraillette braquée. Un tank précédera le bus. Un autre le suivra. Deux motards en éclaireurs ouvriront la marche. Deux autres la fermeront. A chaque issue du bus, un portique détecteur d'objets suspects. Des barreaux aux fenêtres. Une paire de menottes à chaque place, le passager aura les deux mains bouclées et attachées à la barre du siège. Une potence pour lyncher les immigrés loucheurs sur corsages... Ce n'est qu'un premier train de revendications.

*

Les statistiques sont formelles : les Français sont sales. Une savonnette par Français et par an. Nous ne pouvons plus ignorer que nous sommes des porcs et nos femmes des truies. On ne nous dit pas combien de Suédois meurent chaque année pour avoir glissé sur la savonnette et s'être conséquemment éclaté la tête sur le rebord de la douche. Pourtant, c'est important. Je peux vous dire, moi, combien de Français connaissent ce sort horrible : aucun. Donc, le Français pue, mais il vit.

*

Quand je vois les hordes de touristes vomies par les cars faire clic-clac à tout va sur le bouton de leurs Nikkon, une envie de tuer me tord la tripe. Et puis je pense aux séances de projection de diapos infligées aux amis et connaissances, et je me marre. Piégés après le café ! Mais ils ont apporté la vengeance : leurs propres diapos de vacances !

*

Que sont donc les proverbes, la fameuse « sagesse des nations », sinon des clichés qu'on a mis dans des cadres dorés ? Des clichés délibérément pessimistes, empreints d'une morale grincheuse, volontiers sadomaso, dont on se régale avec une gourmandise suspecte. « Tel qui rit vendredi, dimanche pleurera. » Ne sentez-vous pas là la délectation de l'aigre vieillard qui, au fond, SOUHAITE que le gai luron du vendredi se casse une jambe avant dimanche ? Je hais les proverbes, ces noirs prophètes de malheur, ces fourbes qui n'ont jamais rien empêché.

*

Quelle statue vaut qu'on attaque le bloc de marbre ? Je suis amoureux du marbre, la statue me l'abîme.

*

Sportif, moi ? Oui. Et c'est bien pourquoi je hais le sport. Ce qu'ils en ont fait. Ce que vous en avez fait. Cette tonitruance. Cette chienlit. Ce super-chauvinisme. Cet opium du peuple. Le sport, c'est tout un pays devenu soudain con à crever, et fier de l'être.

*

Tout ce qui flatte ma paresse m'est source de joies puissantes. Quand je suis seul, je m'y abandonne sans retenue. Bouffer des restes, des rogatons dans du papier, avec un croûton durci, en buvant l'eau du robinet, pour dessert croquer des morceaux de sucre, un polar calé devant mes yeux juste au bon angle, seuls des feignants aussi conscients et organisés que moi peuvent comprendre quel haut plaisir c'est.

*

Vous avez dit « élitiste ? » Et comment ! Élitiste à la force du poignet.

*

Wolinski ne veut pas mourir idiot. Moi, je ne veux pas mourir du tout.

*

Ma vie est une panique prolongée.

*

Pour résumer, je suis, en vrac, contre l'écologie mystique, les médecines douces, le bon vieux temps, la bio-énergie, le folklore, les frontières, les militaires, le totalitarisme (tous les totalitarismes), le libéralisme (ce qu'ils appellent « libéralisme » et qui n'est que la loi des goulus)... Je suis violemment contre le meurtre, des animaux comme des hommes, je hais les chasseurs, (et aussi les pêcheurs à la ligne, ces assassins pantouflards), qui tuent pour faire joujou, je souhaite de tout mon cœur qu'on fabrique une viande synthétique, même si elle est moins savoureuse, mais qui nous dispensera de tuer, j'ai envie de botter le cul à ceux qui ne voient pas plus loin que leur petite santé et pour qui l'écologie ça signifie manger du veau « élevé sous la mère ».

Pensées
à tout casser
et à se flinguer
ensuite

L'homme est la plus belle conquête du con.

*

L'avenir d'un homme c'est : pauvre ou riche. L'avenir d'une femme c'est : pauvre et ridée ou riche et liftée.

*

Ceux qui accusent la femme de vouloir n'être qu'un corps sont ceux qui voudraient qu'elle ne soit qu'un ventre.

*

Existe-t-il des capotes anglaises noires pour les gens de couleur ? Sinon, c'est du racisme.

*

Je parierais que quand un chasseur crève d'un coup de fusil reçu par accident, sa maman pleure. L'homme m'émerveillera toujours.

*

L'armée, c'est dangereux. Comme un fusil pendu au clou que tu as oublié de décharger. Pire, même : le fusil n'est pas au clou, il y a un œil à l'œilleton et un doigt sur la détente.

*

Il n'y a pas cinquante manières de faire la guerre. Il n'y en a qu'une : la sale.

*

A chaque ennemi tué, le primitif pousse des hurlements de joie, saute dans les bras de son chef, danse sa danse sauvage. Tout à fait comme au football, c'est ça. Et il faut absolument qu'il exhibe à la face du monde le cadavre. Se barbouille la face de son sang, lui coupe la tête pour la ramener comme souvenir, ou pour la manger, peut-être. Enfin, vous voyez, de ces choses... Tout à fait indécent pour un homme civilisé.

*

Alors, ça vient cette troisième guerre mondiale ? Ça ne peut pas durer comme ça, ce n'est pas naturel. L'industrie languit, le chômage augmente, le Chinois prolifère, la jeunesse ne sait plus quoi inventer et la moralité publique, n'en parlons pas. On se demande parfois ce que font les dirigeants.

*

Avant de prendre un animal chez soi, il faut y réfléchir à deux fois, se dire que c'est pis qu'un mariage. Car le chien jamais vous désaimera, jamais. D'avec son conjoint, on peut toujours divorcer. Avec un animal, toute séparation est un drame, on peut dire un assassinat : si la bête ne meurt pas de chagrin, la fourrière se chargera de l'exécution, ou peut-être, horreur suprême, le laboratoire.

*

Ça s'appelle des « tags ». Calligraphies d'analphabètes, bavochures de débiles profonds heureux et fiers de l'être, diarrhées de mongoliens, piteux défis de l'anticonformisme bien conforme, révolte bidon, étrons verticaux fabriqués par des déchets ayant un trou du cul à la place du cerveau et voulant que ça se sache... C'est sale, c'est triste, c'est monotone, c'est cafardeux, ça te pourrit par l'œil et te démolit la journée dès le matin, à peine tu mets le pied dehors. Surtout, c'est con ! Mais con ! Triomphalement. Le glapissement de l'idiot du village qui n'a rien à dire, mais qui veut gueuler et qu'on l'entende. La revanche du bon à rien qui, bien incapable de faire quelque chose de ses doigts, ravage, profane, et, s'il le pouvait, démolirait ce que des gars habiles et pas feignants ont su créer. Ça pue l'impuissance haineuse, voilà.

*

Ce qu'on fête, ce n'est pas le retour de la paix, c'est bel et bien la Victoire. Si pas de victoire, pas de fête. D'où il ressort qu'on ne fait pas la guerre contraint et forcé, hélas, pour défendre le sol sacré, la civilisation, le Tombeau du Christ ou la Révolution menacée. On fait la guerre pour la gagner. Et on n'a pas honte de la faire. On a honte si on la perd. Quand on gagne, on pète de joie, on crie « Hourrah ! », on défile sur les Champs-Élysées, on commémore jusqu'à ce que soit crevé le dernier combattant de cette victorieuse guerre-là. Tout le reste n'est que larmes de crocodile.

*

Ceux qui savent sur le bout des doigts où en est la Coupe, ou le Championnat, ou les Jeux... Les tristes merdeux ! Ils ont des loisirs, et voilà ce qu'ils mettent dedans, voilà de quoi ils parlent au boulot, voilà quelle diarrhée clapote entre leurs deux oreilles béantes ! Ils ont un peu joué au ballon vers leur dix-septième année, et, tout ce qui leur en reste, c'est cette comptabilité tatillonne, avec un ventre mou à trente ans, la gueule pleine de couperose et le nez aplati par la vitre de la télé.

*

Comment expliquez-vous que les petits Français, pour qui écrire « nénuphar » est une odieuse corvée et une brimade, écrivent et prononcent sans se tromper « week-end », « flipper », et pas mal d'autres gadgets d'importation ?

*

Dans les années tout de suite après soixante-huit, des

tas de barbus ont tout lâché pour se tailler et élever des chèvres dans des Larzacs pelés. Ils sont presque tous revenus en rasant les murs, la queue entre les jambes et laissant l'herbe grise jonchée de cadavres de chèvres. Les chèvres, c'est un métier, comme tout.

*

Dans les livres on vous dit que les vieillards se déplacent lentement et avec difficulté. C'est tout à fait faux. Si vous voulez voir un vieillard courir, vous n'avez qu'à lui annoncer qu'on enterre un de ses vieux copains.

*

De l'autre côté du seuil d'une caserne, la démocratie prend une drôle de gueule.

*

De mon temps... — eh oui ! j'ai atteint les mornes rivages où « de mon temps » vous coule des lèvres comme la bave des commissures.

*

Des savants découvrent que le cancer est provoqué par une substance bien définie. Ils se mettent immédiatement au travail pour accélérer le processus afin de le rendre opérationnel militairement.

*

En matière de guerre, la seule conduite sensée, c'est de l'empêcher, en tout cas d'en refuser même l'éventualité. Mais il ne faut pas attendre qu'elle soit là. En tout cas, ne pas la préparer.

*

Là où le crime est plus fort que la loi, c'est le crime qui impose sa loi, c'est le crime qui est la loi.

*

« Ceci tuera cela », disait Victor Hugo, signifiant que lorsque tout le monde saurait lire, la connaissance et la sagesse progresseraient, tandis que la bêtise et la superstition disparaîtraient. Il n'avait pas prévu que les exploiteurs de la bêtise auraient eux aussi accès au papier imprimé... Sans parler de la radio, ni de la télé !

*

Entendu à la télé dans un de ces « hit » ou « top » où l'on jauge la valeur d'une chanson à la hauteur de la montagne de pognon qu'elle a rapportée au chanteur : « Elle a atteint et même dépassé les vingt millions de disques vendus ! » Cela hurlé dans le micro avec écarquillement d'yeux et mimique d'extase suprême. Il paraît que ça prend sur les jeunes. On les façonne très tôt à être le troupeau, à se renseigner d'abord sur ce qu'aime le troupeau avant d'oser aimer.

*

Et si l'humour c'était tout simplement l'intelligence ? Hein ? Qui ne rigole jamais — tiens, soyons pas chien : qui n'est pas toujours en train de rigoler — est un con. Vous pouvez vérifier.

*

L'extrême-droite gueule tout bonnement à voix haute ce que Ducon-Moyen crache dans son cache-nez lorsqu'il croise dans l'escalier les petits maghrébins mal élevés du sixième.

*

Faire défiler des militaires avec toutes leurs

machines à tuer bien astiquées, c'est indécent, c'est de mauvais goût, c'est imbécile, c'est dément. Se régaler de la vue des instruments de mort et de destruction, c'est d'une inconséquence qui touche au sublime. L'oie n'applaudit pas au couteau qui l'égorgera, ni le cochon à la machine à faire le boudin. Seul l'homme vénère les instruments de son propre supplice.

*

Il faut savoir : ou bien la guerre est une ordure, un épouvantable fléau, la honte de l'humanité, ou bien elle est un brillant exercice qui rapporte gloire, honneur et fierté nationale. Elle ne peut être les deux à la fois.

*

Il n'y a pas de bon pouvoir. Le pouvoir est le pouvoir, il fait de toi ce qu'il veut, dès que tu crois l'avoir conquis. Quelles qu'aient été tes intentions, ton idéal, tu es prisonnier de la férocité des factions et de la connerie de la foule.

*

Il y en a pour croire que la fête nationale française a

lieu le 14 juillet. Quelle erreur ! Réveillez-vous, bonnes pommes. La vraie fête nationale, indiscutée, attendue, triomphale, celle qui unit tous les Français ayant du cœur au ventre et du poil dans les oreilles, qu'ils soient cocos au royalistes, riches à crever ou chômedus assistés, énarques ou illettrés, flics ou truands, mâles ou femelles, leur vraie véritable fantastique fête nationale à tous, c'est l'Ouverture. De la chasse, bien sûr, pas de Guillaume Tell.

*

Ils ont l'air si contents, les trouffions pas morts, en se faisant photographier à côté des macchabées. Ils leur soulèvent un bras comme au boxeur vainqueur, ils les balancent à la une à la deux dans les grandes fosses communes... Vraiment, quel bonheur quand c'est l'autre qui est tué ! Comme la vie prend du goût !

*

J'ai pas une sympathie folle pour la Beauce, sinistre usine à blé que tous les Péguy du monde n'arriveront pas à me faire trouver autre que sinistre, ni pour le Languedoc, océan de vigne sans horizon où mûrissent les quatre grammes d'alcool par litre de sang gaulois sans lesquels les finances de la France s'écroulent, mais enfin, j'y suis habitué, j'arrive à penser à autre chose, alors que l'énorme dégueulasserie du tourisme à outrance, je ne pourrai jamais.

*

La commission des droits de l'homme de l'O.N.U. révèle que deux millions de personnes ont été exécutées sans jugement depuis quinze ans. La commission ne conclut pas son rapport par la proposition de dissoudre l'O.N.U., malgré cette éclatante démonstration de son inutilité.

*

La durée limitée de notre vie conditionne tout notre comportement. Même quand on n'y pense pas. C'est sous-jacent, nous sommes sans cesse en train de faire, à notre insu, le bilan entre ce qu'on a déjà vécu et ce qui nous reste. Et de plus en plus à mesure qu'on avance.

*

La France veut participer au prochain grand massacre,

même avec son petit lance-pierre atomique. Elle veut en prendre plein la gueule comme une grande, y a pas de raison, c'est une question d'honneur, les civils ne comprennent rien à l'honneur, les pacifistes encore moins. L'honneur est l'apanage du militaire. Rompez.

*

C'est un truc compliqué, la paix. Nous ne savons pas nous en dépatouiller. Crise, chômage... Vivement une bonne guerre, au moins on n'a plus à penser, seulement à se battre. Et à crever, mais c'est toujours les autres qui crèvent.

*

La peau humaine est-elle donc si précieuse que, pour qu'une mémère puisse se maquiller sans risquer d'attraper des boutons, on doive sacrifier des milliers de lapins à chaque fournée de fard ?

*

La politique n'est jamais ce qu'elle a l'air d'être. La politique n'est que machiavélisme, mais machiavélisme très grossier, très épais, insultant d'épaisseur et de grossièreté.

*

La pub, c'est tellement con, tellement con, que le plus con des cons, devant ça, se sent intelligent. C'est peut-être même là l'astuce suprême. Tout joice d'avoir trouvé plus con que soi, il devient indulgent, le con. Et donc réceptif à la persuasion du vendeur de merde.

*

La publicité nous prend pour des cons. La publicité nous rend cons.

*

La télé a formidablement lancé le football en France. On déverse du football dans la lucarne à Ducon, Ducon avale le football, se passionne pour le football. On lui déverse de la politique, de la politique niveau football, il se passionne pour la politique. Un vrai sportif, Ducon !

*

La télévision, il ne fallait pas être con pour trouver ça. Un machin incroyable. Vous avez vu ce qu'on en a fait ? Toute cette science pour envoyer Patrick

Sébastien à tous les cons de l'hexagone et de la périphérie !

*

Le cancer est la récompense des vieux travailleurs. Après une vie de labeur et de sacrifices, mourir d'un rhume de cerveau serait la pire honte qui puisse s'abattre sur un honnête homme. Grâce aux progrès de la technique et à la promotion sociale, chaque individu est aujourd'hui assuré d'avoir son cancer en même temps que sa retraite. La seule incertitude porte sur l'endroit où il fleurira, ce qui ouvre le champ à toutes sortes de paris amusants qui mettent un peu de gaieté dans les asiles de vieillards.

*

Le Français porte sur la tête un béret basque, dans la poche un litre de rouge, sous le bras une baguette fantaisie ainsi qu'un camembert, et, une fois par an, une seule fois, un livre. « Le » livre. Le Goncourt. Il a guetté sa télé, il a vu un gros pépère avec de la sauce chic sur la cravate annoncer entre deux rots devant la porte du restaurant le nom de l'élu et le titre du chef-d'œuvre, il a vite couru l'acheter avant qu'il n'y en ait plus, il va le laisser négligemment traîner bien en vue sur la table basse du coin salon du séjour afin de ne pas passer pour l'analphabète qu'il est auprès des autres analphabètes.

*

Le pape, en visite à Haïti, proclame que la misère, l'injustice et la violence sont de vilains défauts qui font beaucoup de peine au petit Jésus. M. Duvallier, dictateur de Haïti, montre au Saint Père le pistolet réglementaire d'un de ses célèbres « tontons macoutes » en disant : « Quand on pense que le prix de ce pistolet pourrait nourrir une famille de douze personnes pendant un an ! » Et il ajoute : « Mais un seul coup de ce pistolet règle la question en une seconde. »

*

Le passage d'une noce, bagnoles en ribambelle, lambeaux de tulle flottant au vent, klaxons gueulant jusqu'au ciel que le bouffi endimanché de la première voiture va ce soir planter, légalement et pieusement, sa queue dans le ventre de la pétasse au bouquet de fleurs assise à côté de lui, me fait rougir de honte que les hommes soient si cons et que je sois l'un d'eux.

*

Le sport, c'est fait pour s'essouffler, pour s'amuser, pour se battre, pour en suer comme une vache et saigner de partout. C'est fait pour être vécu, tristes cons, pas pour être regardé, voyeurs grisâtres que vous êtes !

*

Le snobisme est la chose du monde la plus répandue, grâce à la télé et aux affiches. Les plus snobs sont les plus pauvres, parce que plus influençables, parce qu'ils ne veulent pas avoir l'air de pauvres.

*

Le touriste, vous récriez-vous, il ne va pas où il y a le béton, allons, voyons ! Il va où il y a la forêt ! Promettez-lui du béton sur l'affiche, il n'ira pas. Il veut de la verdure et de la poésie, ce travailleur harassé que traumatise la trépidation des métropoles. Il veut de la mousse, de la source murmurante, des cigales, de la lavande et des oiseaux jaseurs. Pas du béton... Faux ! Il croit vouloir tout ça. En fait, tout au fond de lui, ce qu'il veut, c'est le béton, c'est-à-dire ce qu'il y a dans le béton : l'hôtel, le resto, la marina, l'autoroute pour y aller vite vite, les bistros pour la pétanque, les boutiques pour le shopping, et comme il est beaucoup, le touriste, il en faut beaucoup. Et un peu de verdure autour pour faire joli et se dire qu'on n'est pas à Paris, mais c'est de moins en moins nécessaire. De l'ordre du fantasme, si c'est comme ça que vous causez.

*

Le vieillissement ne démarre pas à un certain âge, ou sous certaines conditions. On ne commence pas à vieillir à vingt-cinq ans, ni à vingt, ni à dix-huit. On commence à vieillir neuf mois avant la naissance officielle : au moment même de la conception.

*

Les chanteurs au « grand cœur »... Mais quel chanteur, dites-moi, n'est pas « au grand cœur » ? Quel est l'avaleur de micro qui n'a pas joué des coudes afin de figurer sur un disque de charité pour les pauv' petits négros aux yeux pleins de mouches ? Chaque fois qu'un de ces braves gars au grand cœur cassera sa pipe, on est bon pour la nécro. larme à l'œil... Et l'Afrique, hein ? Un chanteur en moins, un grain de riz en moins. Pleurons.

*

Les chiffres. C'est propre, les chiffres. Ça ne saigne pas. Ça ne hurle pas. Ça ne pue pas la tripaille chaude, le cramé. La guerre reste une chose convenable.

*

Les cons ont le pouvoir magique de changer tout en merde. Entre leurs pattes, l'amour devient mélo, la science devient gadget, la distinction devient quant-à-soi, le bal musette devient folklore, le Bon Dieu devient adjupète, l'amour de son village devient nationalisme, la belle fille devient starlette, le facteur devient préposé, le coiffeur capilliculteur, la cage à lapins devient résidence, Piaf devient Mathieu, d'Artagnan devient Superman, le pissenlit devient espace vert et *France Dimanche* tire à deux millions d'exemplaires.

*

Les filles de la pub, dans le poste. Qu'est-ce qu'elles sont belles ! Elles nous aiment, elles nous veulent, elles se donnent, elles s'ouvrent, elles se pâment, elles nous précipitent en moins de rien dans un état de rut dévastateur, et finalement, avec leur grand sourire gourmand, nous parlent lessive, ou yaourt, ou assurance vie, ou sauce pour spaghetti, ou bagnole... La reine de Saba qui débarque chez toi, te promène son cul sous le nez et t'allume à mort, pour finir par te proposer de la mayonnaise en tube ou des couches-culottes...

*

Les supporters : pauvres ectoplasmes qui payez les autres pour vivre à votre place !

*

Les vieillards, vous savez ce que c'est : ils ont peiné tout au long d'une vie d'honneur et de sacrifices, et voilà, ils sont vieux, ils n'ont plus de dents pour mâcher les bonnes choses, plus de jambes pour courir le guilledou, plus rien à faire qu'à emmerder le monde en attendant la mort. Emmerder le monde, c'est le seul plaisir qui reste quand tous les plaisirs sont partis. Alors, ils y tiennent.

*

Mourir de sa « belle mort ». Il n'y a pas de belle

mort. La mort par vieillesse est la plus hideuse de toutes.

*

Naître pour mourir, quelle connerie !

*

Nos dirigeants ne restent pas inactifs devant les leçons de l'Histoire : après le terrible avertissement de Tchernobyl, on relance allégrement Superphénix, mais on met de la verdure autour.

*

Notre civilisation est une belle fille assise sur un tas de merde.

*

Nous y sommes tellement faits que nous n'y prenons plus garde, nous mâchonnons notre belle langue comme du colin froid, sans même en sentir la délicate saveur.

*

On commémore tout particulièrement la fin des guerres. Enfin, des guerres suffisamment récentes, car s'il fallait remonter jusqu'aux Gaulois, on n'en finirait plus... Allons, les gars, laissez tomber ! Ne commémorons plus. Les morts sont morts de notre connerie, ne nous en vantons pas.

*

On pense à autre chose. On lutte. On construit. On mange, on travaille, on baise, on aime, on se saoule, on hait, on fait son salut, on philosophe, on laisse un nom dans le dictionnaire, on se meuble avec goût, on orne son esprit, on fait du sport pour rester jeune, on se met du rouge pour rester belle. On se ment. La vérité, la voici : toute vie qui sait qu'elle doit finir n'est qu'une agonie.

*

On se fout de nous avec ces images d'Épinal de la vieillesse calme et sereine, l'arrivée au port, tout le répertoire. Non. Les bons vieux, ça n'existe pas. La vieillesse heureuse, telle qu'on se la rêve, dans la jolie maison fleurie, c'est une illusion d'homme encore jeune, une illusion entretenue, un tranquillisant, une bonne conscience, un opium. La vieillesse entourée de fleurs, c'est la décrépitude décorée. Leur sérénité, c'est les sens émoussés, le cerveau paresseux, la gâtisme tout doucettement qui s'installe. La vieillesse heureuse, c'est *les Vieux* de Jacques Brel. Tout homme de bon sens devrait être bouleversé d'horreur, et en permanence, devant le sort qui l'attend.

*

Paris, de plus en plus, vote « majorité ». Paris, capitale des révolutions, vote du côté du manche. Paris vote jeune-cadre-promis-à-un-brillant-avenir. Paris vote Monsieur-bien-sous-tous-rapports. Triomphe de l'urbanisme anti-révolutionnaire.

*

Pourquoi, mais pourquoi, bon Dieu, nous bourrer le mou dès l'enfance et pour toute la vie de poésie champêtre, alors qu'en vrai on nous donne le béton ? Nous vivons et vivrons de plus en plus dans le béton, c'est ça le vrai, c'est ça le réel, avec la télé, son rock et ses paillettes pour nous changer les idées. Alors, assez d'hypocrisie ! Faites fermer leur gueule aux poètes ! Ces faux-culs nous persuadent que le vrai, c'est la fleurette. Ça ne rencontre que trop d'écho dans nos pauvres vieux instincts passéistes — quoi de plus passéiste que l'instinct ? —, et alors nous nions le réel, nous le subissons comme une anomalie, un viol, nous sommes coupés en deux. Être coupé en deux est très malsain. Très, très. Qui osera chanter le béton, et l'autoroute, et le préfabriqué ? Qui osera chanter Beaubourg, les C.R.S. et le poulet aux hormones ? Qui nous dira que notre vie est belle, et le sera de plus en plus, telle qu'elle est, en vrai ? On n'y croirait que d'une oreille, mais ça nous ferait du bien. Il y en a bien pour chanter le travail, et la pauvreté, et la vieillesse, et même pour chanter la joie de mourir à la guerre... On chante en chœur avec eux, non ? Et on finit par y croire, un peu, assez pour que ça fonctionne... Poètes, chantez-nous la merde et dites-nous qu'elle est délicieuse, puisque de toute façon c'est la merde que nous aurons.

*

Quand le cancer me dévorera tout vivant, je ne serai pas le malade calme et souriant qui mérite le dévouement ému des siens et suscite l'admiration du voisinage. Ne comptez pas là-dessus ! Je ne laisserai pas derrière moi de ces anecdotes héroïco-attendries qui alimentent pour longtemps les conversations de ceux qui vous ont regardé crever à petit feu, tout tristes, mais si contents que vous ayez été tellement admirable, jusqu'au bout, un véritable exemple pour la jeunesse... Je serai un horrible sale vieux con de moribond, chialard, gueulard, cabochard, je haïrai le monde entier et d'abord vous autres, saletés de bien-portants, gros cons pétant de santé, merdeux jeunes et beaux ! Voleurs de santé, voleurs de beauté, voleurs de jeunesse ! Comme si quelqu'un avait le droit d'être bien portant alors que moi je crève, que je pourris debout, la tripe éclatée !

*

Que penseront de nous, de notre civilisation, les archéologues de l'avenir, si toutefois il y a un avenir et des archéologues dedans, de cette obsession de pureté : toilettes étincelantes, aisselles inodores, linge plus blanc que le blanc, eau pure de nos cellules, carrelages et parquets à se mirer dedans... et des colossales montagnes de déchets qui feront que la couche géologique correspondant au dernier quart du XXe siècle occupera à elle seule une épaisseur plus grande que celle qu'occupent les trente millions d'années des roches de l'ère quaternaire ?

*

Qui a inventé le point-virgule ? Je ne sais pas. A

quoi sert-il ? A embêter le monde. A rassurer les écrivains timides. A masquer le flou de la pensée derrière le flou de la syntaxe... Bref, à rien de bon.

*

Réfléchir, c'est déjà militer.

*

Savoir qu'au bout de notre vie il y a la hideuse vieillesse et la mort et ne pas aimer ça, c'est être pessimiste ? Bon. Alors, c'est que la vie aussi est pessimiste. Et c'est même elle qui a commencé.

*

Si chaque individu dans le monde prétendait jouir du luxe dont jouit le citoyen moyen des U.S.A., la terre serait réduite à une boule chauve et les océans à un égout pestilentiel longtemps avant que ce but ambitieux ne soit atteint.

*

Si les immigrés n'existaient pas, je veux dire : s'ils étaient restés tranquillement à crever de faim dans leurs déserts, le cul dans le sable et les yeux pleins de mouches vertes, à quoi pourrait bien se raccrocher l'extrême-droite ?

*

Tant qu'on sera aussi con que ça, la forêt deviendra autoroute, la prairie deviendra Sarcelles, la montagne deviendra piste de ski, la campagne deviendra parc d'attractions et l'homme deviendra de plus en plus une machine à transformer le globe terrestre en globe de merde avec du ciment dessus.

*

La vie d'un homme ne vaut rien, le désespoir y enfle de plus en plus comme la pression dans une chaudière.

*

Vous piaffez, vous attendez les satellites qu'on vous promet depuis si longtemps, ces fabuleux satellites Télécom qu'Ariane va placer dans le ciel rien que pour vous transmettre des images infiniment plus fines, plus précises, plus perfomantes, plus..., plus... Et il y aura quoi, sur ces images ? Du football. Du tennis. Du Tour de France. De l'Interville. Des Chiffrezédélettres. Des vieux Gabin. De la corrida. Du polar série B pour insomniaques. Et de la pub, de la pub, éclatante ou insinueuse, éhontée ou hypocrite, mais toujours con à pleurer, de la pub, de la pub, de la pub... De la merde. De la merde haute définition. Et alors ? Puisqu'on aime la merde, pourquoi n'exigerait-on pas de la belle merde ?

*

Tchernobyl. Ça ne fait plus la « une ». Rien ne peut faire la « une » plus de huit jours, quinze grand maximum. Aucun scoop, aucun tremblement de terre, aucun otage, aucune guerre. Au-delà de deux semaines, le lecteur s'emmerde.

*

Tout but qui n'est pas « vivre » n'est que trompe-faim, passe-temps, autosuggestion. Ça te suffit de savoir que ton nom continuera dans tes fils ? Sera vénéré par les enfants des écoles ? Alors, t'es facile à contenter. Ceci ne te concerne pas. Bouffe, baise, fume, fais ton boulot, meurspourlapatrie, invente la machine à vapeur et la pince à vélo, écris *les Contemplations* et ne pense surtout pas à l'avenir.

*

Un journal ne doit pas être objectif, mais aller dans le sens des préjugés et surtout des haines de ses lecteurs.

*

Un pays qui n'a pour ressource principale que l'exploitation du tourisme est un pays foutu. Il semble bien que, tout en prétendant le contraire, la France sournoisement s'organise pour être ça : une espèce de Cuba d'avant Castro. Champagne, parfums, haute couture, petites femmes et « industrie des loisirs ». C'est exactement ce que voulait en faire Hitler. J'espère qu'il aura sa statue à Disneyland.

*

Un vieillard est un presque mort. Plus il est vieux, plus il est cadavre.

*

Vous êtes aussi cons que vos pères l'étaient à votre âge. Vous serez aussi cons qu'eux quand vous aurez leur âge.

*

La vie est un lent processus de mort, un tapis roulant qui vous arrache, à chaque mètre, un peu de votre jeunesse, c'est-à-dire de votre vie, pour, tout au bout, vous déverser dans la décharge définitive.

*

Peuples, pourquoi êtes-vous si beaux, si nobles, si dignes, si généreux, si hospitaliers, quand vous crevez de faim, et devenez-vous si laids, si gras, si arrogants, si cons, quand vous avez régulièrement le ventre plein ?

*

Vous croyez que c'est encourageant de savoir qu'on n'est qu'un gadget, une espèce d'excroissance détachée du mâle superbe, vouée à son service et à son plaisir ? Il faut se mettre à la place des femmes.

*

Contrairement à ce que de mauvaises langues se plaisent à insinuer, les vieux sont fort bien traités dans les hôpitaux modernes. Ils mangent à leur faim s'ils courent assez vite à la soupe, ils ne croupissent pas dans leur ordure s'ils ont le courage de passer la serpillière, et ils dorment dans un bon lit pendant que son occupant est aux cabinets.

*

Quel coureur cycliste, ou quel autre champion surhumain, osera se montrer avec, comme seule inscription sur sa personne, celle-ci, en grosses lettres : « Défense d'afficher, loi du 27 juillet 1881 » ?

*

Une question : à quel âge l'enfant oublie-t-il le mignon Bambi pour ne voir que le plat en sauce ?

*

Mai 68, le bref instant où le monde faillit être jeune.

*

Tourisme et forêt sont incompatibles. L'un tuera l'autre, tôt ou tard. Devinez lequel.

TABLE

L'HUMOUR
AU CHERCHE MIDI ÉDITEUR

COLLECTION
« LE SENS DE L'HUMOUR »

PIERRE DAC
Les Petites Annonces
de l'Os à moelle

CHRISTINE DAHMANI
Petit Guide humoristique
de la demande d'emploi
« Rires à la lettre »

JAMES DARWEN
Le Meilleur de l'humour
anglo-américain

FONT et VAL
Vingt ans de finesse

PHILIPPE HÉRACLÈS
Le Grand livre de l'humour noir
Illustrations de Kerleroux

Le Petit Macho de poche
Illustrations de Spinga

CHARLES-ARMAND KLEIN
Alphonse Karr
prince de l'esprit

JEAN RIVOIRE
Vacheries
Dictionnaire des insolences

WOLINSKI
La Morale

COLLECTION
« LES MORDUS »

PIEM
Les Mordus du Foot
Les Mordus du Tennis
Les Mordus du Ski
Les Mordus de l'Automobile

COLLECTION
« LES 100 MEILLEURS DESSINS »

CHAVAL
Les Cents Meilleurs Dessins

« LA BIBLIOTHÈQUE DU DESSINATEUR »

Petite Encyclopédie du dessin drôle en France
Préface de François Caradec

BOSC
Dessins inédits
Préface de Wolinski

CABU
Les nouveaux beaufs sont arrivés
Préface de Cavanna

CHAVAL
Faites des économies

DUVERDIER
Le Golf de Duverdier

GÉBÉ
Anarchie douce
dessins et texte

JEAN GOURMELIN
Instant d'espace
A la Mémoire de l'humanité

MICHEL GRANGER
La surface corrigée

JEAN HIN
Ti Mimite le petit chat

MOSE
Mose à la mer

PIEM
Petits-enfants, grands-parents mode d'emploi
Bonne santé, mode d'emploi
Prix de l'humour médical 1992

SINÉ
Siné dans Charlie Hebdo
Siné dans Hara-Kiri Hebdo

TETSU
Toutes les mêmes

TREZ
Les Idées Trez noires
prix de l'Humour noir 1990

NICOLAS VIAL
Touchessacome ou les aventures d'un cadre au mental d'acier

Imprimé en France par la Société Nouvelle Firmin-Didot
Dépôt légal : novembre 1994
N° d'édition : 335 - N° d'impression : 28495
ISBN : 2-86274-335-6